古霞君：

你愿金针度人，作"编辑手记"，介绍自己从业的心得体会，我觉得很有意义。

出版编辑专业学生想从业的多，已经从业希望由生手成为熟手的更多。仅仅为了这些人，这件事情就该做。

更何况编辑是一门社会职业，做编辑不限于出版社，做编辑的不限于出版人。古时孔夫子删诗书订礼乐，是在做编辑。今时上上下下大大小小全国至少上百万间办公室里忙着整理、修改、汇辑的，也是在做编辑。

在所有这些人当中，有多少会注意你的手记呢？

讲老实话不会很多，但总不至于少到百分之一、千分之一都没有吧。即使只有千分之一，也就不会很少了。

我这样说，因为我会成为这千分之一的，我相信。

你在中宣部出版局干了二十年，到出版社又干了五六年，编龄不短。我比不上你，从七九年到八八年，编辑做了不到九年便离岗了。离了岗却未能忘本行，算个退伍老兵，还在吃这碗饭，故对于在岗同行的情况，仍不能漠不关心。你的"编辑手记"，如果写得好，写出了你做编辑的得失和甘苦，我会看的，真的。

祝你成功。　　　钟叔河，五月十五日。

铁针度新人

——编辑手记

张吉霞 著

中国长安出版社

图书在版编目（CIP）数据

铁针度新人：编辑手记 / 张吉霞著. — 北京：中国长安出版社，2014.11

ISBN 978-7-5107-0838-1

Ⅰ.①铁… Ⅱ.①张… Ⅲ.①编辑工作 Ⅳ.①G232

中国版本图书馆CIP数据核字（2014）第268190号

铁针度新人——编辑手记

张吉霞 著

出版：中国长安出版社

社址：北京市东城区北池子大街14号（100006）

网址：http://www.ccapress.com

邮箱：capress@163.com

发行：中国长安出版社 全国新华书店

电话：(010) 85099947 85099948

印刷：北京骏驰印刷有限公司

开本：850mm × 1168mm 32开

印张：7

字数：100千字

印数：1000册

版本：2015年1月第1版 2015年1月第1次印刷

书号：ISBN 978-7-5107-0838-1

定价：22.80元

代序

吉霞君：

你愿金针度人，作“编辑手记”，介绍自己从业的心得体会，我觉得很有意义。

出版编辑专业学生想从业的多，已经从业希望由生手成为熟手的更多。仅仅为了这些人，这件事情就该做。

更何况编辑是一门社会职业，做编辑不限于出版社，做编辑的不限于出版人。古时孔夫子删诗书订礼乐，是在做编辑。今时上上下下大大小小全国至少上百万间办公室里忙着整理、修改、汇辑的，也是在做编辑。

在所有这些人当中，有多少会注意你的手记呢?

讲老实话不会很多，但总不至于少到百分之一、千分之一都没有吧。即使只有千分之一，也就不会很少了。

我这样说，因为我会成为这千分之一的，我相信。

你在中宣部出版局干了二十年，到出版社又干了五六年，编龄不短。我比不上你，从七九年到八八年，编辑做了不到九年便离职岗了。离了岗却未脱离本行，算个退伍老兵，还在吃这碗饭，故对于在岗同行的情况，仍不能漠不关心。你的“编辑手记”，如果写得好，写出了你做编辑的得失和苦乐，我会看的，真的。

祝你成功。

钟叔河，五月十五日

目 录

壹　出水要看几腿泥？——谈谈选题策划

如果要想当好一个中国的编辑，就得按照中国特色的生活入手。特别是新入行做编辑。那么，生手，怎样才能变成一个“熟手”呢？我想，总是要从“熟手”入手。用老百姓的话说，就是“杀熟”，你想想，哪个生人肯让你“杀”呢！

所以，在做选题策划时，首先要考虑到的，就是你熟悉的人和事是什么。我在做第一个选题策划时，当时还没有离开出版管理部门。因此，是从的所熟悉的管理入手的。那是一九九九年，我发现，一些离退休老同志都愿意参加一些活动。为什么会这样呢？我在图书市场上又发现，专门为老年人出版的书，特别是为老干部读的书很少。那些退下来的老同志，需要什么呢？其实，还是“婚姻、爱情、家庭”这些主要的生活元素。另外，加上医疗保健等必要的生活元素。而眼下所缺乏的正是没有能够跟得上他们精神生活方面的读物。于是，我策划了一套专门为老年朋友阅读的图书——天

年丛书 豆棚闲话系列。当时，我是这样想的（也就是一个小的策划书）：

人是社会的人。人是历史舞台上活动的主角。卸下了社会角色以后,人仍然是主角。只是活动的舞台变了。怎样对待这种角色的转换，怎样重新处理好你的社会关系，这些问题看来虽小，却是关系到你的生活质量。怎样处理好这些问题，各人有各人的办法，我想，对于有文化知识的人来说，办法之中都有读书这一项。可是，每年的出版物太多，要从中选取适合老年人阅读的书却不是很多，特别是专门针对离退休同志的生活特点所撰写的书就更少了，难于满足我国上千万离退休干部和一亿多老年人的需求。

由于长期从图书出版管理工作，我对出版的有关老年人生活情况的图书比较了解，特别是从岗位上退下来的老同志，他们更需要一精神食粮。而专门为老年朋友出版的读物中，大多是一些有关养生知识的读物，不能满足这些同志的需求。因此，我策划了这套专门为老年朋友阅读的丛书——“天年丛书——豆棚闲话系列”。

在策划的同时，我就想到了要让谁来写？就是你得有作者，如果没有一个好的作者，即作者不能够很好地理解你的想法，那你这套书就难成为一套好书。于是，我找到当时北京大学和北京师范大学的博士生以及从事教学工作的同志，专门为老同志写作，并且，这些作者都在三十岁左右，用他们的学识，用他们的热情来写作，并且，不能长篇大论，每本书在五万字以内，否则，老年同志“拿不动，读不完，买不起”，这样会影响丛书的销售。

作为给老年人的休闲读物，我想，书名要活，不能板着个脸，老年人，特别是老干部，板了一辈了，退了下来，总该轻松一下了，于是，我把书名定为：

家祭无忘告乃翁——闲话古代祠庙

大珠小珠落玉盘——闲话琴棋书画

豆棚瓜架雨如丝——闲话花鸟虫鱼

红尘尚有清凉处——闲话城市园林

莫道君行总是早——闲话游山玩水

相逢相值且衔杯——闲话他乡故知

流水白云长自在——闲话尘世茫茫

夜半无人私语时——闲话百年同度

自古名山僧占多——闲话佛道寺庙

这套丛书由北京同心出版社出版后，得到广大老干部的喜爱，丛书把我国的一些传统文化知识和人生经验浓缩在一本小册子里，文字优美流畅，携带方便，深受欢迎，印制了六千套，当年便销售近半。

通过“豆棚闲话”丛书的策划出版，我觉得，要做一套有市场的图书，首先，心中要有数，这个数就是——给谁看？他们有没有购买力？然后是开本、字数、印数的确定。另外，你能不能找到为你写作的作者等等。

因此，在选题策划时，一要从自己的专业（长处）入手，二是要考虑到你能否按照你的意思组到稿子，三要考虑到你所编辑的书有无市场，就是你的书的读者对象是谁？也就是市场定位，有时，特殊的社会问题，可能也是你特殊图书选题，这是随机性的，不能成为常态，但是，所有这是你要出水时带出的泥。

到学习出版工作后，我又策划了一套丛书，即“中国小史丛书”，这次，策划书的写作，就比较正规：

“中国小史丛书”策划书

一、缘起

当下，是一个浏览的时代，是一个出版人高喊电子图书将代替纸质出版物的时代，却又是一个纸质图书出版势如潮涌的时代。

一个读书人，走进书店，都会有被淹没之感。纵观图书市场，几乎包罗了人们生活的所有方面，美食、励志、娱乐休闲、医疗保健、书法美术、战争和平等等，国学热的兴起，国家对此的重视，传统文化方面的出版也成为热点，总之，出版业是一片繁荣的景象。但细细观察，热中有冷，繁荣中透出一种说不出的萧条，这就是，宏大的出版业中，缺少一种细致的文化底蕴，仅就国学来说，一是重复出版经典；二是对经典搞现代“戏说”。这些出版物可以说，不仅没有起到弘扬中华文化的作用，相反，副作用极大；三是学术著作，这些学术著作，印量少，大多数看不懂。因此，一些歪曲中华传统文化的出版物较快地占领了这块市场；而那些快餐似的图书，难以担当起出版业的基石，也会像快餐一样消失，传承久远的图书并不是很多。

通过对出版业的这个判断，我策划了“中国小史丛书”。力求用通俗的语言，把中国传统文化的精髓传承下去，力求高品位的原创性，同时，也要适应日益扩大市场需求。因为，读者也需要这种带有知识性的通俗读物，也就是说，把正确的学术、知识进行通俗化，为读者提供高质量的读物和阅读兴趣。

二、主要内容

以中国传统文化为主，选取的内容以“小”为主，不搞宏大叙事。比如关于服饰方面的图书，市场上非常多，但一般都是以“中国服装史”的面貌出现，有关服装方面内容是面面俱到，最后，哪一点都是个皮毛。都是从远古讲到现代，从汉族讲到满族，每本书都是互相抄来抄去，而一些服装中的生动的细节，比如，中国服装中纽扣的变化，为何产生这种变化等，读者想了解的，也是阅读兴趣存在的，却没有。这些真正有意味的文化，都消失在这些宏大里了，而恰恰是这些细节，才是文化的闪光之处，因此，这套“中国小史丛书”，都是从这些细节入手，以小见大，如服装方面，就不写服装史，而分别写为《中国纽扣小史》、《中国制鞋小史》、《中国头饰小史》、《中国纺织小史》等，比如司法方面，除了专业法以外，就是中国法制史，而“中国小史丛书”则选取法制发展史中的每个发展细节作为图书的主要内容，如《中国讼师小史》、《中国监狱小史》等，再如，每天生活都须臾不可或缺的如盐、糖等，读了《中国制盐小史》、《中国制糖小史》，就可以了解了。这既是知识，也是文化，计划选取这样内容，出版一百种。

三、作者队伍

为了保证这套丛书高质量，也就是说，图书内容要正确，表达要浅白，对作者的要求比较高。对知识不能“戏说”，但也不能太学术，而是把学术性的东西普及化，不能随意，而是“正统”的内容。所以，所选的作者，不仅是学术上的带头人，人品上，也要有口碑的。因此，这套丛书的作者，选取标准以大学教授为主，并且是学科里有影响的人物。作者队伍素质高、人品好（读者是选作者的，比如同样一本书，读者先看是哪家出版社的，然后看作者），图书质量高、销售才能上去。

四、市场预测

这套“中国小史丛书”应该是有社会效益和经济的，并能成为一套有影响力的图书。

经济效益：

1、自然图书市场：就目前图书市场情况上看，在缘起中已谈到，读者需求是各个方面的，因此，这套丛书应该是热中的冷地带，读者读够了那些宏大的，励志的等等，也需要安静下来，读点通俗的有知识性的图书了。

2、农家书屋：目前全国每个省都有农家书，图书需求量非常大，经过努力，这套丛书进入农家书屋，应该是没有什么问题的。

3、孔子学院：目前，我国已在海外设置了近二百所孔子学院，而相关的适合图书却很少。这套丛书可以作为传播中华文化教科书，走出去，这也符合中央精神，符合走出去的文化发展战略。

社会效益：

1、可参评国家通俗读物奖。

2、可参评“五个一”图书奖。

3、可参评国家图书奖。

五、字数、开本、定价

字数、开本、定价影响着图书的销售和影响力。因此，在字数上，要考虑丛书的特点和读者的阅读习惯，因此，每本定为十万字左右（如果字数多，可分册出版），开本和定价有两种考虑：

1、布面精装三十二开。这是从图书的装帧特点上考虑，有收藏价值，但成本太高。

2、假精装。这套丛书的读者对象应该是具有一定文化程度的读者群。因此，在装帧设计上应该讲究端庄典雅，便于携带，同时，如果要走出去或者参加奖项的评比，更应该体现中华文化的雅致；定价空间自由度可以大一些。

六、拟定小史丛书出版计划

每年出版十本，形成规模后，成熟一本出版一本。统一开本、统一装帧、统一定价、统一字数，如果字数较多的，可分册出版。

七、费用

1、作者稿费。这批丛书的作者以大家名家为主，并且都为原创性著作，这在出版界还很少。如果不给高价，怕难以保证图书质量，可以适当调剂。另外，现在的名家（包括教授），都很少写这种作品，都让学生等代劳。因为，这与十年前不一样了，作者大多功成名就，并且有相当多的花不完的各种经费，所以，不给高稿酬，没有人给你写。能够组到这些人的稿子，并不是靠稿费，而是人情，看在面子上或者是老朋友，人家才肯写，所以，要适当的提高稿费，也是对作者劳动的肯定。

2、组稿联系费。

3、排版印制费。

4、校对费。

5、主编费。

6、其他。

2009年11月

其实，策划书，一是写给“老板”的，二也是写给自己的，就是在组织出版过程中，自己也要按既定方针办，比如进展情况，市场情况，都要关注。这样，丛书才能进行下去。有时，天并不能遂人愿的，所以，在成书的过程中，常常会有些变化，比如作者的变化，出版社的变化，出版的变化等等，作为一个丛书的策划和主编，就得适应变化，在出版过程中，进行调整，与方方面面进行沟通，克服困难，才能持续出版下去。下面就是“中国小史丛书”的进展情况。

“中国小史丛书”进展情况

第一批已出版：（学习出版社出版）

1、《中国京剧小史》 徐城北 （中国京剧院研究员）

2、《中国旅馆小史》 郑向敏 （中国华侨大学教授）

3、《中国通信小史》 朱维青（加拿大多伦多大学教授）

4、《中国游民文化小史》 王学泰（社会科学院研究员）

5、《中国私学小史》 李冬君 （南开大学教授）

6、《中国讼师小史》 郭　建 （复旦大学教授）

7、《中国师爷小史》 李　乔 （北京日报理论部主任）

第二批即将出版：（商务印书馆）

1、《中国古代谣言与谶语小史》 栾保群

（河北人民社编审）

2、《中国古代宦官小史》 杜婉言

（中国社会科学院研究员）

3、《中国古代县衙小史》 郭 建 （复旦大学教授）

4、《中国古代刺客小史》 蒋 蓝（四川日报高级记者）

5、《中国古代侦查小史》 任惠华（西南政法学院教授）

6、《中国书院小史》 江 堤

（湖南师范大学教授，已去世）

7、《中国文房四宝小史》 赵权利

（中国艺术研究院研究员）

8、《中国书法小史》 朱天曙 （北京语言大学教授）

9、《中国藏书印小史》 王玥琳（北京图书馆副研究员）

10、《中国手工地毯小史》 杨光宇

（杭州师范学院汉画艺术研究所研究员）

11、《中国古代堪舆小史》 蔡 杰 （河南博物院馆员）

12、《中国古代坐卧具小史》 陈志刚（温州大学副教授）

13、《中国古代牌坊小史》 林元亨（四川日报高级记者）

14、《中国徽商小史》 王世华 （安徽师范大学教授）

15、《中国古代避讳小史》

王建（贵州省社会科学院研究员，已去世）

在组织出版第一批时，就要考虑到第二批的组稿，在第二批即将出版时，同时就着手第三批小史的组稿工作。这样，才能够连续出版，形成一个品牌。就像一个老店，确定一个牌子后，要不断地有产品出来，不一定是新品种，但是，不能断，这是一个现代型编辑所要具备的，否则，东一本，西一本，形成不了一个固定的品牌，也就没有影响，没有影响，就没有市场。另外，你要做出影响，还得找有影响力的人，如古人所说的“附冀尾而显”，这种“显”不是显示你自己，而是显示出版者的眼光与能力，并显出市场。如果没有市场，总是赔钱，那么，出版业早就黄铺子了。经济是基础，这是规律，如果违背了规律，不管是谁，都会受到惩罚。因为，谁都不相信眼泪。

到了出版社的第二年，我就想作家文集，我是学文学的，就得从专业入手，就先从选作家的作品开始。

初为编辑工作，如果有捷径可走的话，那就是先得从身边事，身边人入手。其实，兔子总是先吃窝边草，长肥了，有力气了，才能够走出窝去找草吃。于是，我选择做《梁晓声文集》的出版。我当时想，首先，我能够约到他的稿子。二是梁晓声是当代的勤奋作家，一直笔耕不辍。用他的笔，记录着时代的发展、社会及人性的变迁，其“资料性”非常强。凡是研究中国当代文学的，包括中文系的本科生、硕士生、博士生和研究比较文学的，都要有纯文本来做比较。我当过学生，也写过论文，愁的就是资料难寻，特别是作家的作品。作家的作品能够体现当时的社会背景，是比较文学研究中必需的资料，梁晓声创作丰，“资料”全，可以说是“全景式”当代生活的记录者。因此，我选择了梁晓声。

基于以上这些基本的考虑，我写了一份关于出版梁晓声作品的策划书：

关于出版《梁晓声长篇小说作品集》的策划书

一、缘起

知青上山下乡运动，是我国一段抹不去历史。作为历史的亲历者们现在已步入退休阶段。“回忆、重温”当年的生活，已成为他们生活中不可或缺的一部分。作为知青生活的一部分，知青文学也慢慢地又浮出水面。

梁晓声，作为知青文学的代表，三十年来一直没有离开过读者的视线，其单部作品一而再地重印、再版。特别是近年来，其作品《今夜有暴风雪》、《那是一片神奇的土地》、《雪城》等作品常销。据悉，明年由梁晓声编写的电视剧《知青》将在全国热播。知青又将成为人们一个新的话题。

近年来，知青们大规模地重返“战斗”过的地方成为知青出游的目的的。另外，一些做过知青的人，有相当一部分成为各阶层的领导人，他们对知青更是情有独钟。

因此，出版《梁晓声作品集》，不仅可以满足知青们的“知青情结”，同时也可以让知青们的后代了解其父辈的生活。如果出版好这套书，可以成为出版界的一个亮点。

另外，从梁晓声作品的数量和品质上看，也到了出版其文集的时候了。因为，在此之前，梁晓声的作品都是单独出版的，比较分散，没有形成一个强大的品牌。如果要找全其作品，很难。特别研究当代文学作品，梁晓声的作品是研究的重点之一，不能没有一个全面的资料，这就更需要能够反映其作品全貌的文集。

二、市场预测

1、社会效益

梁晓声自创作《今夜有暴风雪》、《那是一片神奇的土地》闻名于当代后，一直兢兢业业，在创作领域开垦不断，其文字直指人心，具有强烈的社会责任感。因此，其文集的出版会有一定的社会影响；该书可以参加“五个一”图书评奖和国家图书奖的评奖。

2、经济效益

（1）自由市场：梁晓声具有很高的社会知名度。三十多年来一直笔耕不断。已形成固定的读者群。据调研，其每部书的出版，起印一般在一万册左右，并且很快重印（各种盗版不算）。这说明，其作品有一定的固定读者市场，因此，在自由市上也有一定的销量。

（2）大学图书馆：梁晓声是当代著名作家。其作品是大学中文系学生必读书。如果学生以其作品为研究对象，撰写毕业论文，更是不可缺少的案头之书。但是，学生未必买得起的，学校图书馆却可以满足学生的需求。

（3）走出去：梁晓声作品已被三十多个国家引进，如果将其文集出版，版权贸易是可以做好的。世界各地的孔子学院也可以作为汉语教材使用。据了解，世界各国的孔子学院就是缺少完整的学汉语“教材”，梁晓声的作品，可以作为“跟我学”汉语的有趣阅读的教材。

（4）党政机关阅览室：中央号召创建学习型社会，学习的大多是政治理论，一些通俗读物极少能够进入党政机关，而梁晓声作品是可以进入党政机关的。

总的看，梁晓声作品有一定的市场。

三、开本、装帧、页码

1、开本：十六开

2、装帧：布面精装

这套书的亮点应该在装帧上，出布面精装，这样才能将定价提上去，出版档次也能提高。不能因成本而降低出版档次。

通过对近年图书市场的分析，特别是去年年底的图书博览会和今年北京全国书展上看，图书如果要在市场上突出出来，必须是制作精良的精品，尤其是图书装帧一定要精美。因此，《梁晓声作品文集》要走高端产品的路线，方能取得社会效益和经济效益。

3、页码

原则上每部书，每本不超过四百二十页。太厚了，对读者来说，可能产生畏难情绪。特别是在网络冲击下，纸质阅读会受到一定的影响。因此，不能给读者造成阅读的压力。

四、出版时间

应赶在二零一二年三月，电视剧《知青》播放之前出版上市，抢占市场。

二零一一年八月

这只是一个比较简单的策划书。作为图书出版的策划人来说，它的目标只有一个：说服你的“老板”支持你做这套书。

做书，不论你是书商还是出版社，其第一个目的就是不能赔钱！出版是商业行为，不是慈善。你天天做公益，离关门就不远了！如果你挣了钱，可以做点赔本生意。也就是说可以做点公益。如果你破了产，就得等着别人为你做慈善吧。挣利润，是商业的基本规律，违背了这点，整个社会都会是死路一条。因此，你要策划的图书，首先不能赔本！以这个为前提，写出一个策划书不仅不赔本，还有社会效益，也就是公益效益。这样，你的策划书才能说服出资人，人家才能为你的出书进行投入。也就是说，你做的白酒要卖得出去，否则，就会酒酸肉臭。

那么，你怎么才能说服“老板”肯为你投资呢？这就是需要几个必须写上的要素：

1、缘起（背景）。你是怎么想到要出版这本书的？这就是缘起。或者叫起因，或者叫背景，都行，这就是一个人的头。也是做这套书的灵魂。那么，怎么写呢，一是要说清楚你的想法；二要说清楚你的这套书的背景，即读者群体情况，但也不一定面面俱到，挑重点说。

2、市场预测。如果你的书没有市场，却有社会效益，那你可以去申请出版基金。但是，想获得出版资助是相当困难的。而且资助都是各有其因的。初入道者，最好不做这种妄想。要把头低下去，放在市场上。你要做好市场预测，你的书的市场在哪里，确定了图书的市场，即你的读者群在哪里，什么状况，甚至有什么共同的需求等，然后才能往下走，如图书的开本定价，等等，否则，就是无根之花。

3、开本、装帧、定价。

4、上市时间。

5、营销策划。也就是图书销售，分几步走，怎么抓住时机推出。因为，图书也是“时尚”品，可能一过季，就过时了。要有势可乘，如果没有势，就得“营造”。怎么营造，这就是你独特的营销策划。比如《梁晓声文集》，我当时想的就是搭车，与电视剧《知青》的播出时同时上市，形成影视与图书的互动，也是算是一种借东风的行为。

6、宣传。现在，每年以几十万种的图书品种上市，好酒真的怕巷子深了，你自己不主动说，没人替你说，所以，要宣传。怎么宣传，现在的媒介非常多。博客，微博，报刊，电视等等，八仙过海，看你的能力了。如果你有宣传平台，最好也写上。这样，增加老板对你的信心。

总之，如果你要策划一本或者一套你认为有价值的图书，你就得把你的长处充分写出来。要抓住重点来写。

另外，我还策划出版了一套“中国当代小品文丛”丛书，现在已经由中国长安出版社出版了第一批：

1、《笑的艺术》	方　成
2、《旧时燕子》	邵燕祥
3、《阿Q的祖先》	王春瑜
4、《来自天堂的药方》	何镇邦
5、《江山如有待》	王学泰
6、《屋顶上的山羊》	朱铁志
7、《故纸风雨声》	伍立扬
8、《此心安处》	徐怀谦
9、《左手历史，右手现实》	曹保印

第二批有陈四益、朱正、周实、流沙河、钟书河等名家的作品，因为是一个长期的出版项目，在出版进程上，我想得是——传、帮、带。即在一批作者中，要有老中青，也要有名人和非名人，不可能质量都是上上乘。非名人跟着名人出版，最后，也能够成为名人。其实，并不是非要出名人的书不可。而是，作为一个编辑，要有一个“培养”作者的意识，在“培养”作者的同时，你自己也建立了一个稳定的作者队伍，在互动中，形成你自己的编辑特色。

在策划这套小品文丛书时，我首先想到的是文化传承。什么是小品文，学者们历来争论很大。我只是想，不管小品文的定义是什么，中国文学的初始，用鲁迅的话说是从“杭唷！咳哟！”开始的。那么，一切咏叹之文，都应该算是“小品文”吧。不应该限定在什么文体，什么内容。虽说小品文盛于明清，但现当代好像也没有“式微”过。因此，我想，把一些除了小说、诗歌等明显不属于小品文的文体排除后，将中国当代人所撰之文，出版，立为标本，请学者讨论。这些文体算不是算小品文，即给研究当代文学的学者提供材料；同时，我想，这些作品也应该是小品文的流变，也是文化传承的一种。

因此，我策划编辑“中国当代小品文丛”，准备也要出版五十本以上。这样，就可以形成品牌和规模。现在，丛书第二批正在出版筹备过程中。这里，存在的最大问题就是资金问题。作为策划和主编，不能让出版方赔钱，这是很难。写在这里，也是请大家支持出版，如果可以读，尽量去购买一套，这样，也是支持了出版事业。

总之，不论你要策划一套什么样的书，一定要把策划书写好。所谓的策划书，就是你为什么要出版这样的书而不是那样的书。这样的书是否对社会有利，是否有价值。有价值，那它的价值在哪里，都得说清楚。否则，口说无凭，老板不点头，你的书就出不来。另外，策划书是你的行为指南，也可以说是你的出版编辑思想，如果没有一个指导思想，你的行动怎么可能会有“胜券”呢！如果你连策划书都写不好，说明你对你的书没有一个整体的把握，因此，做书，先从写好选题策划书开始。

贰　七十三变方是奇 ——谈谈编辑的创新

做事，向来都是边做边完善的。创新，也只能是在行为规范中创新。创新不可能是凭空产生的，它只能是在原有的行为规范或工作经验不足以解决问题时，通过不断地摸索探求，终于寻找到了解决问题的新方法时，这才有了创新。比如邓小平同志的“一国两制”的治国方针，它解决了一个非常难以处理的问题。在“一国两制”的创新理论指导下，很好地解决了中国香港、中国澳门问题。这两个地区的“一国两制”的成功经验，也为将来解决台湾问题打下了基础，这就是创新。我认为，创新是为了解决工作中的实际问题，老的、旧的解决不了新的问题，而新的问题的解决势必要毁掉老、旧时，而老、旧又破不了时，怎么办？在老、旧不动的情况下，另外找出路，这样能够解决问题，这才是创新，而不是刻意去标新立异。

在编辑《梁晓声全集》时，首先遇到的问题是——活着的人能不能出全集？

当初，为了解决出版经费问题，初步定的是出版《梁晓声北大荒文学作品选》，经费问题解决了。新的问题又来。版权问题没有办法解决。比如，有的作品版权没有到期，怎么办呢？于是，与梁晓声先生商量，出版《梁晓声文集》。后来发现，就是出版文集，也存在版权问题。那么只有出版《梁晓声全集》，这样，作者授权，就不存在版权问题了。

接着就又出现了新问题。在世的人，在历史上还没有出版全集的呢。梁晓声还健在，这是一，二是以后他还要创作，能够称为“全集”吗？

怎么解决这个问题呢？我想，活着人的不能出全集，那是古人及近人的想法。古人出书难，所以，直到当事人过世后多年，在财力允许之时，才能出版。就是一九四九年以后到电脑普及之前，出书也是件难事。所以，才导致出版全集都在作者过世之后。这是当时的条件决定的，并没有法律规定全集只能是已故的人才能出，活着的人不能出全集。

所以，什么事情都一样，一是怕想，二是怕不想，想明白了，路在脚下。我就想到，给在世的人出版全集，是一个创新之举。只要把梁晓声先生的作品先拢在一起，那么他的著作就是可以说是全的。如果，梁晓声先生再创的作品，我们进行补收，也是全的。就是那些出版了的全集。比如《鲁迅全集》，也有补录，也有修订。所说的全集，并不是点滴不漏，实际也做不到那样。

那么，我就要在出版上打破在世的人不能出版全集的“乡规”，出版《梁晓声全集》。首印可以少量印制，陆续有新创作的作品，可以补录。全集可以修订，这都是可以的。因此，我决定创新——出版《梁晓声全集》，经过与梁晓声先生协商，他对我的这个创新是支持的。这样，有了作者支持，有了作者敢于对惯例的突破，我就有了胆子，做前人所未做的事。

其次，作者的手稿出版。由于《返城年代》还没有出版，但其单行本已授权给其他出版社，如果我们收入到全集中，对同行是一个冲击。这样做，多少有些问心有愧。但是，《返城年代》的电视剧，马上就要播出，同时，其单行本也要出版，其影响力大家都是清楚的。如果《梁晓声全集》不能收录这本书，至少，可以说是一种损失。怎么办？于是，我想到了出版《返城年代》的手写稿，作为欣赏的面貌出现，这样才有了《梁晓声全集》中的手稿本。后来，经与莫贵阳先生协商，他们愿意将《返城年代》的电子版交给我们，以支持出版《梁晓声全集》。就这样，在一步一步地解决问题的过程中，创新也就出来了。

第三，关于《总览》。由于出版《梁晓声全集》，要收录的与其作品相关的资料较多，比如《出版说明》、《梁晓声小传》、《梁晓声出版作品目录》、《总目》、《分集目录》等等，这些大块的文章，一般出版者都将这些内容都放在全集的第一卷里。开始，我们也是这么做的，将这些内容放在第一卷里。但是，由于这些内容较多，几乎占了第一卷页码的三分之二。这样，就有点头重脚轻的感觉。另外，也有点不利于小说阅读的连续性。因为梁晓声的作品，特别是长篇小说，在全集中是占重要地位的，如果放在这里接排，形成前一半后一半的，显然是不合适的。怎么办？于是，我就想到，可是把这部分内容拿出来，单独成为一个卷本，就像领头羊一样。这样，还可以多装点内容，比如，作者的手稿、作者的照片等与作者有关的与全集无关的读者喜欢的内容，都可以放进来。读者可以在这个卷本中，了解梁晓声的部分“私人”生活。这样，书编起来，就比较从容，而且还不破坏其他作品的完整性。在出版上，这也是编辑上的一个创新，因为还没有其他出版者这么出版全集的，这个创新，也是在编辑过程中完成的，是为了解决问题而产生的。

第四、将梁晓声先生已出版过的图书，进行分类整理。比如将出版时间、开本、定价、装帧（平装、精装）、字数、印数，都列出来，给研究出版印刷的学者提供资料。这样，不但能从梁晓声先生作品的出版中，可以看出我国出版业的发展情况，并且还能看到出版业的一些微妙的变化。比如，近年来，出版的图书都没有印数了。为什么，大家都心领神会，心照不宣。但是，这种出版“机智”，对读者和社会都是不利的，同时，也是对后人的不负责的一种做法。比如五十年以后，如果作者拿到这些书，并不知道印了多少，这对统计、收藏、分析都是不利的。再比如，如果某本书在印数上写上只印五百，或者一百，或者一千，虽然有点丢面子，但是，是不是以后就有了收藏价值呢？我以前在买书时，就爱看印数。比如印一千的，我就买。心里高兴，想：看，就印一千本，全国那么多人，我可是一千人之中的一员啊！收藏价值就高了。

另外，我还将梁晓声先生所出版的作品中收录的文章也附在了后边。因为，有些文章，找不到出版年代。这样，至少可以从成书中判断出文章的写作时间，总不会晚于集子的出版。同时，也可以看出时代品位。更能看出，梁晓声的哪些文章被选入集子。一是这些作品的魅力，二是时代的趣味，三是时代的选择。文章是标尺，可以从各方面看，因此，这也算是编辑上的创新。

第五、校勘记。作为一个编辑，随手做校勘笔记，对自己的水平提高很有好处。这也是编辑都在做的事。还没有人在出版图书时，将校勘记附后的。

我想，我把校勘记附后，也就是“正误表”附后，为了让读者引起注意。

古人说：校勘如秋风扫落叶，扫了还有，扫了还有，是扫不净的。因此，从文字产生起，就有了校勘学。通过对《梁晓声全集》的编辑，发现有些错字是有规律可循的。这也是科技发展的规律所带来的。比如扫描的识别问题。如机器是分别不出“人”和“入”的。所以，错别字中，“人”“入”不分，“闻”“问”“间”易混等，在看到这些字时，一定要睁大双眼。另外，还有一些是打字方法的问题，比如联想错误，识别错误等。我把这些正误列出表，一看，就明白是在什么样情况下产生的错误了。

在编辑“中国小史丛书”中的《中国古代侦查小史》时，遇到一个这样的问题：作者将中国的侦查史写到了“清末及民国时期”。这部分内容如果按历史阶段来划分的话，应该归为“中国近现代侦查史”了。于是，作者便将书名定为“中国古代、近代侦查小史”。但是，就这个名称来说，与丛书的名称不太协调。同时，作为书名，也不简练。怎么办？就得去掉这部分内容。可是，真的又可惜，特别是现代的侦查手段等，对当代的侦查具有很强的指导意义。如果不去掉，又与书名相背。这可真是个问题。怎么解决？开始想把清末和民国这部分内容去掉，保持书名为《中国古代侦查小史》，这样处理虽说没有问题，但是，一是书的内容就显单薄，二是对不起作者的劳动，三是字数明显减少了。想不改书名，又要保留全部内容，真的很难。如果你真的深入下去，总去想这个问题，“灵光”总会出现的！有一天我突然想到，可以把清末和民国的侦查史，作为“附录”的形式保留。书名仍然是《中国古代侦查小史》。这样，便两全其美了。就这样，你在看到《中国古代侦查小史》时，就会看到“附录一”和“附录二”。这也许就是见着红灯绕着走，总归会走通的。这就是在编辑上的创新，我是这样认为的。

说是创新，其实也不是什么创新，而是在原有的编辑规则基础上，解决了一些问题而已。但是，别人没有做的事，你做了，能说不是创新么？其实，创新很简单。只要你能够开动脑筋，学会孙悟空的七十二变，并且能够熟练地应用，再多的那一变，就是创新。如果你连七十二变都不会，哪来的七十三变呢！

叁　　绿肥红瘦海棠依旧 ——谈谈编辑与作者

1、编辑的位置

编辑，无论教科书上怎么给编辑下定义，编辑的主要任务是“编”，而不是“创”。也就是说，编辑是将人家已有的材料，或者说已有的作品，拿来，进行编辑加工，形成能够符合出版条件的“新作品”。在“新作品”中，体现出编辑的思想。也就是说，编辑是通过他所编辑的“新作品”来体现自己的价值取向的。比如，当年流传的诗歌有三千多首，孔子从中编选了三百零五篇。这三百多篇通过孔夫子这位大编辑的手，一直流传到今天，成为“经”。如果没有他老人家，诗歌就是几百万，怕也流传不下来。但是，孔子并不是这些诗歌的作者，是编者，是选取者。如果编辑这个行当要供奉行业神的话，那是非孔子莫属。

因此，作为编辑，一定要有自知。自我定位一定要准。记住编辑姓“编”，而不是姓“创”。在这样的基础定位上来做编辑工作，才能成为一个好编辑。特别是我们文学编辑，更要遵循这个“无为”的规则。

2、尊重作者

作为一个好编辑，一定要尊重作者。牢牢记住自己的角色，不要一拿起笔来就想当然地改人家的东西。每一位作者都有他自己的思维方式和创作方法，有自己的语言特点。特别是小说创作，因人为是作品里的人物的需要，才用特殊的语言、特殊的词汇。有时，就是错的，也是要用的。比如，小说里的一个文化水平很低的人物，或者就是个文盲，他能说书面语么？如果塑造的是一个流氓无赖，他满嘴脏话，你能给他洁净起来么！因此，作为编辑，要尊重作者的创作。只要不是错的，即便是所谓的“硬伤”，也就没有必要“硬改”。编辑，毕竟不是作者。编辑的工作是编稿子，是协助作者完善他的作品以达到出版的要求，不是创作。如果作者的创作都符合编辑的口味，那么，就不需要作者了。编辑都做了，就行了。因此，编辑，特别是文学编辑，尊重作者的原创性非常关键。这也是尊重作者，与作者建立良好关系的一个重要基础。这一点，我在与作者的交往过程中，深有体会。特别是有些老先生，他们特别在意自己的东西被改动。有些有涵养的，对于小编的改动，面上只是无可奈何地笑笑。但是，心里也很是不满。下次，可能老先生就不把自己的东西给你编了。有的老先生直言不许编辑改，并且声明：如果发表，一字不能改，如果要改，就不必发表。这种态度，也让编辑很是不解。其实，这就是由于编辑缺乏对作者的了解所造成的。也就是相互尊重的问题。

我觉得，如果真的要改作者的东西，或者说，如果编辑认为作者确实有误的话，应该跟作者进行交流、沟通，提出疑问，请作者来决定，是改还是不改。

另外，有些在用法上还都说得过去的字句，就没必要非得改成统一的用法。现在的编辑，书本上、字典上的知识学得多，有时会犯生搬硬套的毛病，拿过字典来，说，没有这种用法。其实，这个做法本身就是错的。字典永远没有生活鲜活。字典永远囊括不了浩瀚的生活用语。否则，新华字典每隔一定时间，为什么要修订一回呢？就是要追赶上时代的发展和生活的脚步。而作家的创作，永远是第一线的。所以，只要不反党反社会主义，不是错别字的，不是黄赌毒，作者用了的，就不劳编辑再费心思。小说、散文的编辑，最好是本着“多一事不如少一事”的态度，而且，法律上有文责自负么。

现在，就说说我在编辑《梁晓声全集》中遇到的这些可改可不改的问题：

比如“籍以”这个词，是没有错的，就是“借以”的意思。作者喜欢用“籍以”。并且在全文中，“籍以”比“借以”更妥帖些。所以，就没有必要非得给人家改为“借以”。

比如“恕免”，虽说与“宽恕”的意思一样，但是也是有区别的。作者既然用了“恕免”，作为编辑，没有必要强改为“宽恕”。比如“酒力大除”，也没有必要改为“酒力大降”。比如“叽哩咕噜”是象声词，没有必要非得按字典上改为“叽里咕噜”。

有些是作者喜欢用的词，作为编辑，不能改为自己喜欢用的词。比如作者用“愈发糊涂”，就不必非得改为“越发糊涂”不可。作者用“确是”，没有必要非得改为“确实”不可。再比如“支招”并没有错，编辑却要改为“支着”。“纸条”改为“字条”，等等。虽然说字意差不多，但是还是有区别的。细细体会，还是作者用的字词比较鲜活。编辑改得虽然读起来语气顺溜，但是，毕竟不如作者。而且弄不好还会引起作者的不满。如作者用“他哭唧唧地求情说”，编辑给改为“他哭啼啼地求情说”，“哭唧唧”是指说话的人带着哭腔，并没有真哭。而“哭啼啼”说明这个人是真的“哭了”，意思是不一样的。这两个字表现的人物心态也是不一样的。这样费力不讨好的事，编辑最好不要做。

再有，有些是方言、土语，用在小说中，有它特定的意义，编辑也不要随意改为自己认为能够懂的字词。

比如“她还是觉得是档吃亏的事儿”，编辑给改为“她还是觉得是相当吃亏的事儿”。其实，“是档吃亏的事儿”，说的意思是“这是一件吃亏的事儿”。而“相当吃亏”则是讲的“吃亏”的程度，意思是不一样的。也就是说编辑改变了作家的创作，这是作家不能够容忍和原谅的。

比如“起证”这个词，编辑给改为“取证”。其实，是改错了的。“起证”是东北地区的方言，有“办理证件整个过程”的意思。如“起结婚证”、“起个营业执照”等等。而“取证”则不同，一是指去“拿”，即已办好了的，在某地放着，只是去取回来。二是调查取证。这与“起证”就是两个根本不同的意思，所以，是不能改的。

比如作家用的“激头掰脸”，编辑没有必要非得给改成

"急赤白脸"。相较而言，"激头掰脸"更生动形象些呢。

比如"混小子"与"浑小子"、"忽啦"与"呼啦"、表示象声的"喝与呵与嗬"，都是通用的。作者用了哪一个，就用哪一个。这些毫无原则性的，就不必改，这也是尊重作者的方式之一。

再比如"从皮包里派出一份有着大红印的合同"，这里的"派"字，好像是用错了，编辑给改为"拿"。细细体会，作者的"派"字，用得相当好，表现出小人物突然大富贵，就像大款往外派钱一样，得意洋洋。而编辑给改为"从皮包里掏出一份有着大红印的合同"就不一样了。虽然"掏"字，人人都懂，但是，这个人物就立不起来了。就像鲁迅写孔乙己要在柜台上排出九文大钱，而不是摆上九文大钱，通过一个"排"字，孔乙己的这个人物一直鲜活地活在读者心中。这就是一字风流。

因此，编辑在编辑过程中，一定要把握好什么应该改，什么不应该改。通过编辑《梁晓声全集》，我觉得，首先编辑在编辑过程中，一定要把握一个重要原则，就是只要不是错，说得过去，就要尊重作者的创作。他写得不好，你可以不编辑出版，但是，决不能按你的口味去改人家的东西，特别是名人的东西。是名人的，作为编辑要更加小心。一旦越俎代庖，就会出现究竟是你创作还是人家的创作的问题。你不但费力不讨好，还要得罪作者。因此，在改人家的东西时，你应该考虑的不只是对与错的问题，而且还应该有我这样做，是不是尊重了作者、尊重作者的劳动的问题。这样，你在下笔时，就会有度了。

3、尊重历史

自一九四九年到如今，已有六十多年了。就是在这六十多年中，时代飞跃地发展，社会生活也在不断地发生变化。随着社会生活的变化，一些词汇也发生变化，比如，对“建国”这个词，近几年改为规范说法，叫做“新中国成立以来”，或者“新中国成立以后”，而不叫“建国”以后了。但这个用法主要用于新闻报道上。而小说创作，特别是小说人物的语言，不可能用新闻语言来说话的。都是我们常人的口语。说“八十年代”，谁都知道指的是“上世纪八十年代”。可是，你见过谁在说话时张口闭口“上世纪八十年代”、“上个世纪七十年代”、“文化大革命”呢？小说中的人物也是一样，除非他是在写新闻报道。否则，你把人家人物语言，统一改为“新中国成立以来”、“上个世纪八十年代”，这不仅能让读者笑疯，也会把作者气死。

比如，我现在的写作，不是写小说，“建国后”一词，就必须用“新中国成立以来”。因为，我这里不是在使用文学人物的语言。

就当代文学创作来说，小说中的人物语言，不可能是现在的规范说法，也不可能是书面语。因此，作为编辑，不能用现在的规定去规范以前的创作。比如，小说中的人物语言如“比学赶帮超”、“讲用会”、“毛选积极分子”等，是当时当地的人物语言，你不能改为现在听得顺耳的词语。如果这样改动的话，六十多年来的文学创作，编辑都得给改过来。那非得把编辑们活活累死不行，同时，还要担着个修改历史恶名，或者说编辑在进行再创作了。那就是一个没有尽头的工作，同时，也是对历史的不尊重。

因此，作为编辑，要尊重作者，更要尊重历史。许多作家已经过世，他们的作品也正在或者将要进行整理出版，这就需要编辑拥有一种尊重历史、尊重作者的精神，才能做好编辑整理工作。

4、拓宽知识面

编辑有学无学，我们不去管它。但是，作为一线的编辑，却要随时注意学习。知识不要求精，学问精不精，尚在其次，但知识面要宽，却是必要的。不然的话，在工作中就很容易闹出笑话来。这里，我只是就梁晓声作品中出现的一些编辑上问题，举几个例子：

比如“讲用会”这个词，是当时的用语，即“活学活用毛泽东思想讲用会”的简说。就跟现在“建设有中国特色社会主义理论”简称“中特”一样，不是“中国特务”的意思。编辑不了解当时的情况，想当然地改为现在意义上的“演讲会”，这就错了。所以，归根到底，像这样的问题，如果要改，得征求一下作者的意见。

比如“转插台”，是指上世纪七十年代的电话转接。打电话时，先通过总交换台，然后由总交换的接线员，进行人工接插，才能够通话。哪像现在，人人都可以随便打个国际长途。如果不了解当时的电话情况，自然就会改为“转播”，这就错了。

再比如说方言问题。比如“存成一个卡”和“存入一个卡”是不一样的。“存成一个卡”，是指新办一个卡，然后把钱存入这个卡，有两层意思，一是新办，然后是存钱。而“存入一个卡”，就是把钱存进已存在的一个卡里。

在小说表达时，这是两个意思，表现人物的心态也是不一样的。“存成一个卡”，表示郑重地办理后事，或者对某人有某种特殊的感情，而“存入一个卡”，就不一样了，就轻多了。

比如“鋦在一起”的“鋦”，是一种职业，不能改为“聚”在一起。过去，就是上个世纪七八十年代还有这种行当，是一种手艺活。过去穷，过日子紧，家里的瓷盆瓷碗粗缸什么的坏了，都舍不得扔，用鋦钉给钉起来，形状就像现在的订书钉。这种活不是一般人能做了，所以，有句俗语叫“没有那金刚钻就别揽那瓷器活”，指的就是这个活。这是一门细活。有的鋦活，鋦好后，你基本上都看不出来原来是破损过的。清末民初，京城有一种专门玩紫砂壶的“玩家”，专门把紫砂壶打碎，然后请高级鋦匠给焗好，收藏起来，这样的壶比新壶还值钱。所以，小说中“看来，不能把两个人鋦在一起”了，指的是两个人要离婚，靠外力是不行的。如果改为不能把两个人“聚”在一起了，意思明显不如“鋦”生动形象，而且意思也不一样。

总之，作为一个好的文学编辑，首先要把自己的定位定好。怎么能够定好位，首先就要谦虚。这样才能做到尊重作者，尊重他人的劳动。要把先师孔子教育的“每事问”或者说“不耻下问”牢记在心，自己就会少劳多得，事半功倍。

现在，网络发达，为我们提供了诸多方便。虽然说不可能解决所有的问题，但是，网络总还会给我们解决疑问提供一个粗线条的可查找的线索。比如梁晓声在写闻一多时，写到一个“棉轩阁”。当时，我便觉得是错的。以我的想法，应该是“锦轩阁”，就顺手给改为“锦轩阁”。改后，马上想到，万一是我错了呢。还是要查一查，又没现成的资料可查，就到网上一查。果然是人家对的，就是“棉轩阁”。这样，就避免了一个错误。这就孔子说的要“多闻阙疑”了。

记住，编辑永远是绿叶。是为他人作嫁衣裳的。大红花儿是作者。你再怎么绿瘦红肥，人家总是海棠依旧。不要代替作者，不要怕人说编辑一字不改。这正说明作者高明，而不是编辑无能。明白了这一点，才能做一个好的“不劳而获”的编辑。

肆　压倒骆驼的那几根草——谈谈几个不能硬碰的问题

作为一名出版者，在选题上，首先就要考虑到你所做的出版物，能否顺利出版。特别是在中国特色社会主义出版制度下，你的出版物如果不符合出版条例，那么，这个出版物就会被计划掉了。因此，在选题上是要慎重考虑的。如果一步不慎，就会导致全盘皆输，甚至会断送掉你自己和出版社的前途。这是个原则问题，是做出版的应有的头脑。空谈时，你可以意气用事，可以移山填海，似乎是无所不能。但是，在做具体的出版时，一定要考虑周全。事实证明，一定要活得好才是硬道理。否则，经济损失还在其次。这里有许多惨痛的教训的。就不一一提及了。因此，当你在做一个选题时，不能不考虑到以下几个方面的选题不能硬碰：

1、政治

除非你是政治家，或者你就是做政治类图书的，那么你还可以沾一沾这些选题。但是，建议最好不要沾，政治是变化的，谁知道哪块云彩上什么时候有雨呢。所以，不要硬去做政治类图书，让那些有资格有能力的出版人去做。尤其是刚入道的年轻编辑更应该懂得，光凭热情或者兴趣出发，一心想着抓热门出成果，而不具备政治把握能力和老道的处世经验，是做不好这方面图书的，有时，一句话，就会送掉这本书的命，当然，你也好不到哪里去。

2、宗教

宗教，有其人文历史的特殊性、复杂性和敏感性。这些，就是搞宗教的，也未必能够把握得好，何况我们小辈。如果你不懂宗教，最好不要碰，就是懂些，最好也不要碰，如果出了问题，后果很严重，甚于政治，而且是追惩性的，就是当时没有问题，过后，如果有了问题，对不起，这种追惩是没有时效期的，小心无大错，谨慎不为过。记住了，你是中国人，中国的事情，都有搞不懂的地方，不能不懂装懂。如果你个临时工，你就得更加小心了。

3、外交

外交无小事，出版外交的书更是无小事。如果不是搞外交的，最好也不要碰，因为，国与国之间，有如人与人之间，万一碰那位不讲理的，人家找上门来，后果也会很严重。一旦出现问题，没人能保得了你。

4、重要人物

重要人物的事情，都是重要的事情。这有规定，出版要上报。至于那些倒了台的重要人物，也是别拿村长不当干部。因为，他们也和重要人物息息相关，难免惹火上身。不要以为落水狗谁都能打的，有时，是有人打得，你却打不得。别去趟这不明不白的混水，免了脏了你。尽管他们可能会给你带来出版利润，但是，出了问题，可能会让你赔得底儿掉！有一家出版社，将书名《成吉思汗》，印成了《成吉思汉》。一字之差，损失巨大。如果仅仅在书名上印错了字，把书皮去掉重新装订，总还可以减少一些损失。但是，他们却将书名做成了书眉，导致全书化浆。这个损失很惨痛！那可是白花花的真金白银，得卖多少本书才能挣回这些钱啊！因此，重要人物的名字，连他们的名字都能治你于死地，况其他？一定要慎之又慎！有些人物一定要远离，才能保你一生平安！

5、地图问题

如果你的书中有地图的内容，那么得小心，眼要睁大，要是出现一点差错，否则就会书毁财亡。经济受损，总不是我们所希望的。有的装帧设计者喜欢用地图做封面，我认为是不可取的。因为，有时会把南海诸岛漏掉了，这就是政治问题。所以，我的原则就是自己不熟悉的，就不要去碰他，费力不讨好的事，就不要做。特别是刚入出版门的新人。金针虽巧，不是精工不会用。

6、关键的错字

俗话说，千里之堤溃于蚁穴。有时，一个关键的错字，就会毁掉一本书或者毁掉一个人。前边说的《成吉思汗》，书的内容是好的，没有问题的，关键是一个错字就使得这本书化了纸浆，损失近百万元。还有，如把关键人物的名字印错，等等。

以上所说的每一根草，都可能是压倒你的那一棵草。或许，你还会为此付出一生的代价。特别是不能硬碰硬。话虽重了，但有前车之鉴，不可掉以轻心。

那么，这位说了，这不能做，那不能做，那么我们出版做什么呢？我觉得，很简单，做草根，做文化。

据我的经验，初入道者，要遵循这样几条原则：

1、做死不做活。即做远古、中古、近古人的书，尽量不做活人的书。因为，活人有麻烦，比如版权问题，后代问题，评价问题，敏感人物等等，等等。一旦出了问题，你是惹不起的，也担当不起。另外，从经济利益上考虑，做古人的没有稿费问题。

2、做远不做近。跟上一条有相似之处。

3、做旧不做新。尽量找那些已沉淀一个阶段的图书，一般都是受到时间的洗礼而存下来的。海豚社近几年出版民国时期的图书就是一个很好的例子。虽说是新瓶，装的是陈年老酒，离我们又不远，虽旧似新。

4、做小不做大。大套图书，以初入道的新人来说，你是扛不动的，各方面的关系，你协调不了。最终的结果，可能是被人家摘桃子。或者出现其他问题。

5、做鬼不做神。神是要敬着的，如果不敬，就是个事。鬼就没有禁忌，说多说少，都没事。

6、做臣不做君。必须得罪人时，得罪的是臣，顶多惹场官司，尚能活命。而你要是得罪了君，后果不用我说了。

如果你的做选题策划时，像背中药汤歌时把这六条背一背，看一看，再加上“不黄”、“不性”、“不反”、“不毒”、“不迷”等这些出版红线，就保你不出问题。

其实，中国上下五千年的文化，足够你做的了。就是做现实生活中的活人，好人的文，也足够你做的了，比如做小说，做散文，做传记，做学术等等。出好书，给好人出书，是我的做书原则。

选题是做不完的，何苦要用热脸去贴那些冰屁股呢？

到图书订货会上转转，我真心地感谢谢咱们的老祖宗留给咱们的出版遗产，有如山间之明月，江上之清风，取之不尽，用之不竭，有什么担心的呢？

伍　淡极始知花更艳——谈谈装帧设计

如果把一本书比作一个人，装帧设计，就是这个人的一张脸。敢素面朝天的，要么就是天生丽质的美人胚子，要么就是贫家女，没有胭脂费，才这么做。其实，即便是美人，也是需要打扮的。俗话说：“人靠衣装，佛靠金装”、“三分敬人，七分敬衣”。一本好书，首先，它的装帧设计得是一流的，让人过目难忘。

在没有钱，也要搞一点封面的小设计。在出版《豆棚闲话》时，由于没有钱，出版社说设计费要一万二！天，哪来的这么多钱！当时，刚出现特种纸。于是，我采用特种纸作为封面，这就是一个底色了。然后用古人的白描图，又成为色，就成为“双色”印刷了。其实，就是一色印刷。由于读者是老年人，他们喜欢这种简单朴实的图书风格。我在内文里，使用的字号，比一般图书的字号都大。这样，这套图书得到了读者的喜欢。我呢，节约了封面印制成本。

随着经济的发展，出版社的实力也越来越雄厚，在图书的封面上，也舍得花钱。不惜贴金烫银。银闪闪，金灿灿如金印悬身，十八般武艺全套上。进入书店，如入百花丛中，令人眼乱神迷，有些麻木。

在设计《梁晓声全集》的封面时，我不想走套装书设计的模式，即在精装书上再加一个包装，好像一个高级时装模特，却披了一个质粗价廉的披肩一样。

精装书的外包装，其主要作用是为了保护图书的整洁。其实，布面精装的图书，一般不会太招惹灰尘。就是有了些灰尘，也是可以擦掉的。另外，现在图书都可以塑封，就更没有必要担心在运输过程中损坏了。因此，完全没有必要再加外包装了。胭脂要擦在脸上，有钱要花在刀刃上。做精装书封面，要在选材上下工夫了。使用的面料，一定要高档。面料的质量与颜色的本身，便是提高图书装帧档次的根本。这个大的方向，经与作者和出版方协商，达成了共识，为形成一个好的装帧设计奠定了基础，作为主编，一定要有自己对套书封面设计的主导意思——即你想要的是什么样的一种风格。

再有，关于封面设计的元素有哪些？这也是设计师们必须思考的一个问题。有的图书把封面搞得像个杂货铺，恨不能把全书所有的内容都安排在封面上。好像不罗列，不广而告之，就白白地浪费了版面似的。这种设计理念，就是把封面当成了广告牌。

但是，话又说回来了，图书的封面确实有“广告意味”。否则，在众香国内怎么能够寻到牡丹呢？这是一对矛盾。要解决这个矛盾，这就需要对图书的内容、形式、风格等方面加以把握，才能设计出一个既与图书内容融为一体而又与其他市场图书的封面有所区别的装帧设计来。

通过对梁晓声作品的阅读，感受到他作为草根代表，感到他拳拳的忧民之心，感受到他路见不平、拔刀相助的东北汉子的刚烈性格，感受到他对过去苦难生活的批判，感受到他对当前社会种种不平之事的愤慨然而又无可奈何的纠结，等等。如果能够为充分地体现出这些东西来，我想到他那张饱经沧桑、忧患不尽的脸，便选择他的一张照片置于书脊。封面请著名书法家李一先生题写了书名。封面元素尽量的少，用材质来突出书的品质。所以，我选用褐色意大利进口的超细绒布，作为底色。超细绒布比一般的布面有质感，显得厚重、大气、别具一格，很耐看。同时，又避免了长绒布面的由于倒绒而产生的色差。比较柔和，手感也好，五十本图书摆放在一起，长近二米长，如果选择布面的颜色太艳，便有飘浮之感，压不住。

在内文版式的设计上面，我坚决不要什么书眉，什么边花。这些元素，对于图书来说，我觉得就像小人暴富，浑身着金戴银，也掩盖不住浑身透着那么股俗气。

书是用来看的，不是用来显摆的。而且，那么多累赘，万一哪一点有问题，就得将全书毁掉，无法挽救。如上面所提到的《成吉思汗》这本书，如果没有书眉，就好办了，只要把封面换掉就行了，损失会很小。恰恰这本书有书眉，这样，就必须送去化浆了。

现在，有些设计者好像不把书设计得复杂些，就像没有体现出他的劳动成果似的。其实，这是一个误区。

装帧设计要根据图书的内容，来彰显作者的意图。而现在有的设计者，设计要体现自己的个性，体现自己的设计风格，忘记了你是在为谁服务，这也是个误区。

封面与书的内容相得益彰，才是好的图书装帧。比如，张守义先生设计的封面，都与图书融为一体。比如他给张中行先生《流年碎影》设计的封面，看似简单，却别有一番风味，体现了书名、书中的内容如流年，如飘落的树叶，细细的以有似无，其实，人生不都这是样吗，流年如远去的树叶。比如张爱玲小说的封面设计，都非常有特色，让人过目不忘——这就是张爱玲的书，应该就是这样。记得买过一本杨绛先生的《干校六记》，封面是几棵树，如黑白剪纸，树之背影，一种淡淡的感觉，却真实，可靠，让人一见倾心。买这本书，就是被封面吸引的。当时，年轻，尚不知杨绛先生是个大学者。

因此，我觉得，图书封面的设计者，也同编辑一样，要把自己的位置摆正。要牢记你的设计是为书本身服务的。这样，才能有一个好的设计心态。然后，才能有个好的装帧设计。如果设计得好，那么作者、读者都会满意的。你别设计得让作者都不好意思拿出来见人，那就是一个彻底的设计失败者。

记得上海作者周佩红著的一本散文，封面是一只鞋。作者在博客上写文章，认为这个封面有点对她的文章不敬。我看了这本书的封面，确实不美。并且让人难解其意。

所以，作为一本图书的装帧设计者，在进行设计之前，你首先要考虑的是本书作者和他的创作意图、艺术风格等等。因为你毕竟是与人家合作，是为人家服务的。既是合作，凡事就要商量着来。不能自以为是。比如，首先要考虑到这是一位什么样的作者，是名家还是非名家？是写小说的还是写散文的？看看作者以前出版的图书，设计风格是什么？这样，先把作者的心态摸一摸，这样，与作者先达成一些共识。其次，要看作品，把这一本书的内容看一看，是写什么的，是风趣幽默的还是愤世嫉俗的？是知识性的还是故事性的？这样，才能定下大体的风格。

根据图书的内容以及作者的喜欢来设计，这是成功的基础。比如，我设计《梁晓声全集》时，就考虑到了这几个因素，于是去掉琐碎的小细节，留着梁晓声那张深沉忧郁的头像，放在书脊。采用压凹工艺，若隐若现，加强了画面感，下面用的著名书法家李一先生题写的书名，飘逸潇洒，能够缓解一些沉重感，整体上的感觉是厚重、体贴、大气。这就体现出了梁晓声先生本人的人格和图书内容，这样，整体效果比较好。

另外，图书的装帧设计跟所用材料也有很大的关系。

图书的用材，是随着社会经济的发展而变化的。上古时代，“图书”都是刻在石头上、骨头上、竹片上。后来，写在丝织品上。再后来，发明的纸。再再后来，也就是现在，竟然有了阅读器，也就是电子书了。这都是图书的载体发生了变化。据大专家们说，以后纸质书都要取消了，就靠电子书了。我觉得，那可以能少数人或者多数人很久以后的事情了。目前，至少像我等，还是靠纸质书来阅读的。那么，我还是从传统的纸质书说一说。比如封面用材、扉页用材、内文用材等等，这些都与图书的品质息息相关。仅封面使用的材料就有多种。除了平装书以外，精装书的用材很是多样化起来，比如传统的丝棉麻，现代的皮革等等，五花八门。就像过去，女孩子化妆只有胭脂。现在，就多了。各色的眼影、眉笔、唇笔、唇膏、打底等等，但是，都是一个目的，就是让自己美丽起来。可是，也有使用过度的，把自己画得像个妖精一样。图书也是如此。

图书的装帧，就是人的一张脸。你可以长得不漂亮。那是爹妈给的，没办法。但是不能不相份。不打份，对不起观众，也对不起自己。这张脸得化妆。怎么化，这是一门学问。打个比方，说装帧，强调的是其重要性。更重要的是你作为设计者，首先给自己定好位，是给别人化妆，在给他人做嫁衣。所以，凡事不要忘了和人沟通，要从别人的角度去考虑问题，不能依照自己的脸盘、身量去打份人家。这虽然前边已谈过，在这里重复，说明他的重要性。否则，前功尽弃不说，还会费力不讨好，甚至得罪人。何苦!

另外，还有一点，如果在装帧设计上，实在找不到共同的元素，那就干脆搞成个白皮书。比如“中国小史丛书”的第一辑七本，本来是要做小精装的。但是，总有个投入产出的问题。所以，为了节约成本，干脆以不设计为设计。图书出来后，也是有其吸引眼球的地方的。因为，图书内容好，人家就不会在乎你是否“素面朝天”了，这就是内容为王，长得好，披个麻袋皮都好看。天仙一样的美女，实在太少。所以，作为一个设计者，不要忘了另一个绝招——淡极始知花更艳。

陆　墙里花开墙外香——谈谈图书宣传

我国每年新书品种都在几十万以上。如果你的书不进行大力宣传的话，“老死牖下”是有可能的。而且，现在的新华书店非常“势力”，你的书如果第一年卖不掉，第二年就会放在后排，第三年就会退货了。所以，作为图书的策划编辑，或者说作为图书的责任编辑，你一定要学会给自己的图书做宣传。宣传第一步，就是你要学会给你的书写书评。现在宣传媒体很多，你也要学会充分利用。这样广而告之，你的书才能让读者知道。这是第一步。那么，书评怎么写呢？

我觉得，首先应该从策划书上入手。既然你策划了这套书，或者这本书，你总有你的想法，才决定出版这套书的，就说明这套书是有价值的。那么，它的价值在哪呢？这就是你策划时的思想基础。把你策划时想到的它的价值写出来，这就是你对书的总体认识和评价。把你的认识和评价传达给读者，这就是书评。写书评是为了你的书。宣传，就是把你种在墙里的花，让她在墙外香起来，能够“招蜂引蝶”，你就成功了。比如，我策划的“中国小史丛书”第一辑出版后，我就写了一些书评。其中一篇是为王学泰先生的《中国游民文化小史》写的：

不要让大春手中的镰刀变成斧头

——读王学泰《中国游民文化小史》

我在向王学泰先生约稿时，请他写的是《中国游民小史》。王先生交稿时，改为《中国游民及游民文化小史》，我觉得这个书名有点太长。于是找到王先生。说，改为《中国游民小史》好一些，而且与上几本书的书名还能配上套。王先生大笑，说：“那可不行。游民文化讲的是文化，游民，是社会问题。社会问题，咱们不管，管也管不了。”

原来，游民文化是文化，一旦成为社会问题，那就不是文化能够解决得了的。我真佩服这些老先生啊，活了这把年龄，真是精明得不是我们能够深刻理解的了。回去叹道，难怪孔夫子说“必也正乎名”，那个老夫子也说“名可名，非常名”啊。国人对于“名”的重视，真是了得了。这毕竟是人生经验、历史经验和社会经验之谈呀！用老北京的话说，够你学一辈子的了。确实，在与一些老先生聊天时，总是感叹于他们的人生经验！

十年前，写《世纪老人的话——张中行卷》时，由于是采访式，所以，经常出入张先生之家，听他老人家讲述过去的事情。张中行先生，当时已九十有二，当过六个朝代的子民。真可以说，过的桥比我走过的路还要多。最佩服的是他老人家在一九五七年，竟然没被打上右派。据他老人家说，内定名单上第一个就是他。无论是从历史上还是现实上，他都应该是对我党有点意见的。党支部书记、副主书记及其他人等，对其笑面多日，手拿笔记本，亲自登门拜访数次，希望能提点意见。甚至对自己的被无辜地被定为贪污犯那事，报点委屈也行。可是，他老人家说："我是旧社会过来的人，身上肯定有旧的东西没有改造好，所以，对新社会对我的改造是真心地感谢的，没有任何意见。"于是，躲过了这一劫。我问，那你怎么知道后来就是这么个结果呢？他就笑而不答。后来，说，这个社会，到开放到什么程度，我才能说什么程度的话。后来看了一些回忆文章，还有一个人，没有被打成右派，也是事先预知似的，那就是舒芜先生的老爸。也是一个国学家。应该说，也是个历史老人。这些人，对中国历史看得相当的透彻，确没有道出其中的奥妙。

看了王先生的《中国游民文化小史》，这些天，一直思考这个问题。王先生着重从游民看文化，而我，明明从他的文化中看到的是游民以及游民社会。最后，看到是游民与中国历史的循环的关系。当一个社会动荡前，必定有大量游民生成，必定在这些游民中产生一些流氓。当这些流氓成为游民的救世主时，一个旧的王朝就会飘摇在风雨之中。或者大家都眼睁睁地看着他们把整个社会砸烂，或推向更大的深渊之中。他们砸碎了一个旧世界，然后再按着游民的基本规则，也就是“丛林法则”，就是现在人们说的“潜规则”或者“血酬定律”建立一个新世界。这个新世界的基本规则是游民式的。

按照这个规则，他们能领着人民往哪里走呢？越走越歪，越走越歪，最后，拐了个大弯后，回到起点，这就是中国历史的循环论吧。在这个圈子合成时，到处都是游民的影子。在这个圈子合成时，多少人死于无辜，多少社会财富被毁，一切从头再起。谁能说一个朝代的灭亡是推进了历史的前进的进程？

“千里无鸡鸣，白骨露于野”，游民之起，就是这个结果。我想谁在有生之年，也不愿意遇到这样的社会！用张中行先生的话说，给你多少钱，让你到伊拉克去生活。你去吗？宁做太平犬，不为离乱人哪。只要是人，就不想在这样的社会里生活，这是人话。就是动物，也会选择一个安全的环境。人要生存啊！

“游民并不可怕。游民的要求很低，有饭吃就行了。怕就是怕游民的堕落者变成流氓，这些流氓又有势力，有主张，跟着流氓能够吃饭，那就可怕了。”王先生如是说。是啊，跟着王先生的游民游走，看到是游民的“要做官，杀人放火受招安”，看到“三刀六洞”式的内部纪律，看到是“劫富”，却未见济贫。他们最后，有组织、有纪律地横行于世界，造反的直接目标就是“抢钱抢粮抢女人”。这是李连杰《投名状》的中心思想。看看投名状，就知道游民造反的目标了。

难怪最终他们破坏了旧王朝后，建立的新王朝总不是他们，而总是“被……利用”、“被……窃取了胜利果实”，这且不说，且说他们如野马脱缰，洪水溃堤，“内库烧为锦绣灰，天街踏尽公卿骨”、“昨夜梦来风飞沙，铁骑冲破豪门家，天街尽踏公卿骨，牙床遍采名媛花”。再读一下《秦妇吟》，就知道，游民起兮大风扬的后果了。可是，到了一定的时候，谁又能阻挡这游民的勃兴呢！

于是，又做思考。游民从哪里来的？老掉牙的问题。从学中国历史开始，为了考试，都会背“失去土地的农民”、“大量农民失去赖以生存的土地”，这就是“革命和造反”的直接原因。然后就是意义、教训等等，然后又是一次又一次的意义与教训。夜读史书，使你不得不心痛不已！

为了从游民的痛苦中解脱出来，就看小时爱看的《白毛女》，现代革命舞剧。喜欢茅惠芳的舞姿，喜欢它的旋律以及绝对的精品艺术。一招一式，都是经典！看着，看着，突然又与这游民联系起来了。

本来，大春和喜儿要过的是“你耕田来我织布的幸福日子”，我觉得许多观众记得的都是《北风吹》，却忽略了在此之前，还有一段群舞，就是众姐妹来喜儿家送窗花儿，贴窗花儿，多么的和谐，然后是大春来给喜儿家送过年包饺子的面。两人情意绵绵，情深意切。喜儿送给大春一把镰刀。不言而喻，就是以后，大春好好种地，喜儿好好管家，两个人欢欢喜喜地过日小子。“三亩地，一头牛，老婆孩子热炕头”，农民的要求止于此。就是天堂般的生活了。这，也许就是文明人常常批判的小农意识吧。可是，作为一个农民，要的就是这种生活。甚至“他人但愿富贵，我愿与君共哺糜”，这是也是中国农民的基本生存要求，低而又低。可是，是谁迫使这些老实巴交的农民变成“杀人不眨眼”的暴徒呢？他们天生就一副反骨么？

当然不是。又想到前几天刚编完的北京师范大学过常宝教授写的《中国恶霸小史》，两相对照，就读出点味道来了。那些恶霸们，可以说，就是游民中的堕落者。他们把一个一个家庭折散，把一个一个地方污染，他们无处不在。最后，也难怪，造反者喊出“只反贪官，不反皇帝”的话来了。当这些恶霸把想拿镰刀过日子的农民大春，压迫得不得不放下手中农具，拿起凶器，变成手拿斧子或者手拿“朴刀杆棒”的游民，那这个社会离被报仇的日子就不远了。

王先生说，游民形成大规模的动乱就是仇恨和报仇，就是要不惜一切摧毁这个他也赖以生存的这个世界。我一边看《白毛女》一边想王先生的话，极是。抄几段经典台词：

诉不尽的仇恨啊，

汇成波浪滔天的江和海！

压不住的怒火啊，定要烧毁黑暗世界！（合唱）

地主逼债似虎狼。

满腔仇恨我牢记在心头。（杨白劳）

我定要报这深仇大恨！

想要逼死我，瞎了你眼窝，

我是舀不干的水，扑不灭的火。

火不灭，水长流。

世世代代的仇恨啊，永刻心头！

要报仇！要报仇！要报仇！

恨难消，仇无边。

心潮汹涌如浪翻，

春夏秋冬来复去，

好心肠志更坚！

见仇人烈火烧！

我恨！我恨！

恨不得踏平这奶奶庙。

我要，我要，

把你撕成千万条！（喜儿）

谁能不让喜儿去报仇！谁能认为喜儿做得不对！可是，

喜儿不仅要把黄世仁撕成千万条，同时，还要踏平她那几年赖以生存的奶奶庙！这就是造反后的悲哀所在！为什么那么的恨！为什么那么的仇。

看看恶霸们（包括黄世仁、胡汉三、各种衙内们）是怎么不让喜儿活的，是怎么让大春放下镰刀拿起斧头子吧。

创建一个和谐的社会，最要紧就是两步，一是“和”，二是“谐”。“和”就是口中有粮，要让百姓嘴里有饭吃。“谐”，就是让人人都能说话，用现在的词来说，就是让人人都有发言权。

又想起《诗经·大田》里“彼有遗秉，此有滞穗，伊寡之利”。那可是西周初年，统治者就想到了要照顾一下穷人，特别是那些没有生活来源的寡妇。大田收获之后，要留点滞穗，让这些寡妇也得点利，生存下去。你不能不感叹周公治理的社会。不仅仅是礼的问题，而首先是让大家都活下去，包括寡妇。又想起杨绛先生的《干校六记》写一个女人带着女儿拾荒，女儿来说“滞穗”都被收走了。老女人说：“地主都让拣！”地主，就是周公教育下的地主。所以，周朝八百年，其灭亡并不是国民的造反，这倒真的需要历史学史好好研究一下呢，难怪孔圣人念念不忘周公！

“大田里庄稼别都收光了，留点让穷人去拾点度日吧，”想象着周公的话，我的双眼潮湿。所以，孔圣人对富人的为富不仁深恶痛绝！为富不仁者，最后的结果就是他们所聚的财富，也会被人分被人抢。这种祸，远在后代，近在当身。因为，大多数的人活不下去了，少数人还有好活么？

“谐”呢，就是让人都说话，有“说话的地方”。要让老百姓有话说。老百姓能够活，而且有说话也就是说有讲理的地方。这两个方面做到了，这才能叫“和谐”。如果搞得大家都有怨无处诉，最后，只能诉诸暴力！并且人们还要支持这种暴力时，游民问题是不是就出现了呢？

在这些日子里，网上网下，书内书外，看到了太多的暴力，所以，再写这《中国游民文化小史》读后感时，想了这么多。

这几天，《白毛女》看了好几遍了，每到紧要处，总要掬一把热泪。

看人间，那一块土地不是我们开，
哪一片山林不是我们栽，
哪一间房屋不是我们盖，
哪一亩庄稼不是我们的血汗灌溉！

可恨地主狗汉奸，

土地他霸占，庄稼是私财，

又逼租子，又放高利贷。

诉不尽的仇恨啊！

汇成波浪滔天的江和海。

压不住的怒火啊，定要烧毁这黑暗的旧世界！

这前呼后应最有感召力的造反宣言，不停地响在我的耳边，让我毛骨悚然。

我的这篇书评，得到许多网友的关注，并参加了讨论。于是，王学泰先生的《中国游民文化小史》这本书，在“中国小史丛书”中，卖得就比较好。

书评，作为一位新入道的人来说，觉得很难写。其实，也很简单。就是要把你策划的图书再提升一个高度。或者再从另外一个角度来写。让读者在读你的书评时，想读原著，你的书评就成功了。

《读书》杂志之所以能够吸引读者，就是它在介绍图书时，不是“就书论书”，而是提出某种观点，或者提出某种现象，最后，才推荐你看某某书。或者在文章尾部写上某某书。这样，吸引你不得不去看原著。这就是最成功的宣传。如果我们怕做不到，就可以先就书论书，就事论事。因为，毕竟你是策划者和责任者。你可以从策划谈，从编后谈，从与作者的交往谈，从你的难处谈，从你的乐处谈，能够言之成文的，都可以说是书评。或者说，都是你的宣传。总之，一个目标，让读者知道你的书，这就成功了。

比如，我在主编“中国当代小品文丛”时，怎么宣传呢？人家都是名人，策划与主编，不过是一个联系人的作用，我不能在书前书后写什么东西，有点“不自量力”之嫌，但是，又不能写出一些自己的观点。因为，编辑也是有“思想”的。于是，我在每本书的封底，附了一个较短的主编手记。这篇手记用散文形式写的，表达一种心情。这个“宣传”得到了著名散文家邵燕祥先生的认可，并在报上发表了。许多读者在认可这篇手记之时，也认可了这套丛书，销售还不错：

“中国当代小品文丛”主编手记

小品文，渐行渐远，渐行渐近，又渐渐地远去了。如潮涨潮落散落在沙滩上的碎贝，在苦涩海水的冲刷下，少了引人的各色花纹，多了平实的光泽。这光，不耀眼。但即使在夜里，也会闪出一些光来。它们或被拾走，或又被冲回大海，或静静地散落在沙滩上，散落在草原里，散落在撒满灰尘的书架上……散落在大自然的各个角落里。

每一片碎贝，珍藏的都是磨难的时光。千百年前的，当下的，都需要珍藏。当我把这些散落人间的、经历多少风雨的碎贝拾起，连缀成古朴的项链时，“一声何满子，双泪落君前”时时在我心中回荡，打湿我的双眼。

这海潮声声，松涛阵阵，真不知今夕何夕，历史？现实？令你掩卷长叹。

二零一一年五月

当你策划、编辑完一套丛书或者一本书时，总会有些想法的，把这些想法写下来，也是一种宣传方式。其实，这些东西尽管形式不一，但目标却只有一个，就是让你的书在墙外香起来。虽说有点自卖自夸，但是，既然是卖瓜的，为啥不使劲地吆喝两声呢？也许，你的嗓音高，人家就注意了你，你的机会就多了起来。这是我主编《梁晓声全集》后的感想，许多人都是通过我写的这篇文章，知道要出版梁晓声文集的，书还没出来，就有许多人要买了，这是真的：

不全的全集

——《梁晓声全集》编后记

我还是相信，人和人之间是有缘的。命中注定的，早晚都要发生。

我一九八三年上大学，读的是中文系。那时，梁晓声的名字在文学界犹如雨后的太阳，令人欣喜、令人振奋。

“梁晓声热”、“知青文学”热一直成为课堂上下的话题。我当然更有一种优越感——不止一次地说“对梁晓声的作品，我更有发言权”。虽是不知天高地厚，但也有其原因：因为梁晓声插队的一师一团，就是我所在的一师一团。我当然是兵团的“老人”了。一出生，我就是兵团的人。

梁晓声们，只是来我们这里“插队”的知青。梁晓声笔下的兵团生活，那就是我小时的生活呀。班里有谁能跟梁晓声这么近呢？当然是我。尽管，那时，我没见过梁晓声，也还不知道梁晓声是谁。他去的时候，我才三岁，他走的时候，我才十岁。

我经常自豪地说，我可是跟着知青们的屁股后长大的。我那个年龄的兵团小孩，基本上都是跟着知青们长大的。小学、初中的老师，大部分是知青。黑龙江的冬天，基本上是“猫冬”。知青们没事干，孩子们也没事干，正好，跟着知青玩。这个屋子窜到那个屋子，这个办公室窜到那个办公室。知青们也无事，也愿意跟我们玩。就这样，我们跟知青建立起了玩的感情。并且，我二姨找的对象是牡丹江的知青，我老姨的对象是北京知青。

我的第一本课外书《安徒生童话选》、《格林童话选》就是上海知青，也是我的班主任老师石鸿枢送给我的。那时，我们那里的孩子，谁看见这种书？我想，我是第一个。那都不是当成“宝”的问题了。谁也不许摸，谁也不许碰。看书前，我先把手洗得干干净净。一遍一遍地看，书还跟新的似的。到现在，有的内容还都能背得出来。可以说，在我们那，像我这个年龄的孩子，启蒙教育，应该是知青。

直到现在，每当我们聚在一起当谈起知青话题来，都会流点眼泪——大家一致认同：我们这些人得益于知青。尽管他们很痛苦，那是他们的事。我们感谢知青打开我们对外边世界的向往。是知青们告诉我们：外边的世界很美好。有上海，有北京，有天津，有哈尔滨……山的那一边也有花，也有我们还不知道的花儿呢！并且还有更多的眼见手触的实惠——就是过年。

知青们给我们带回来的最具有现实意义的各种物品——糖、没见过的水果、卡片、衣服、围巾、皮鞋、透明雨衣、粉红色的天蓝色的红色的水靴子！那可是真正的时髦呀！知青们探家回来，那就是我们的节日！我们手里拿着知青送的卡片，嘴里含着糖，兴高采烈地一家一家地窜。一是显派，二是比较，三是再看看别人家的新鲜东西！欢声笑语，满室闻音。

知青们走了，带走了我们的快乐，也留给了我们希望！石鸿枢老师临走时对我说，张吉霞，你外语好，以后考北京外国语大学。并留给了他在北京亲戚的一个地址。因为，他也不知道回到北京后，会在哪里工作。

这个纸条，我一直留着，直到十多年后，我到北京工作，拿着这张纸条，找到了石老师……

直到现在，我还承认我是个文学老青年。特别是写我家乡的文学作品，我都是要看的。梁晓声写的，我更不会放过。尽管，在我见到梁晓声之前从来就没有想过在我以后的生活里，会跟心仪的梁晓声搭上关系，并成为我的一个师长、朋友。

梁晓声是个有情有义的人，不仅经常回到“一团”看看，而且还捐助了十万元，为当年的“一团”团部现在的锦河农场场部建了一个牌楼。

梁晓声是一个仗义执言的人。现在，当年的老人还常常谈起他。不是因为他是名人。而是他刚来到这里时，在那种环境下，竟然在集体大会上公开说“我鄙视他”！这个“他”当然是当权的能够决定梁晓声们命运的人。果然，梁晓声“鄙视”完“他”后，就被“精简”去抬大木头了。

就这样，我跟着知青、听着知青、看着知青的故事长大。在我眼里，知青，不仅仅是他们的事，更是我的事。

因缘际会，当我在北京工作十几后，第一次见到梁晓声时，就像见到了久违的老朋友一样。

前年底，得知梁晓声要写剧本《知青》，我就动了给梁晓声编集子的心思。为了北大荒，为了知青，也算是一种对知青们的报答，对梁晓声不断地给我提供精神食粮的报答。因为，他所想所说所议所论都是我心所有，笔下所没有的。

因此，更加敬重他。

有道是，没见过给活人出全集的。我说，那我就开一个先例。反正也没有什么法律条文规定说不允许。尽管梁晓声人未老，笔未辍。我想，先把现有的作品全“集”起来再说。他再有作品，只要补进去就可以了。当今社会，从上至下，都愿创新，这也未尝不是编书的一种创新，何必守成？

于是，我就开始搜罗梁晓声的所有集子，编排目录。逼得梁晓声也没有法，不得不帮我寻找散落在其他地方的篇章。梁晓声一再说，千万别让出版社为难，别让人家赔了钱。他的心情我理解。没有办法，我这机器一旦开动，就没有办法停下来。

就这样，将梁晓声的作品整理了出来，分为长篇小说，中篇小说，短篇小说及散文，竟然有二千二百多万字！梁晓声到现在都不会打字，这二千二百多万字都是一个一个地写成！辛苦二字，是说不得了。

稿子整理好后，找了几家出版社，都不肯出，经济问题，确实是个问题，真金白银地投入，而且不能确定的现实上的经济收益，是个实际问题。搞出版的，都知道。

愚公挖山不止，终于会感动了上帝的。

证券日报社图书出版部的胡劲华君，不怕担风险，决定要出版这套书。虽然他年轻，对于知青，他都是从书报刊上了解的。但是，看问题，却是有他的角度。对梁晓声，他也是充满着敬佩的和感激的。他说，至少，从他的作品里能够了解到另一种知青。能够参与出版《梁晓声全集》，是他的幸运。

中国艺术研究院著名书法家、《美术观察》主编李一君，为《梁晓声全集》题写了书名。他的字，市价可是“一字千金”的。他喜欢梁晓声的作品，阿堵物他就为我省了。

我说要出版梁晓声的全集，他们第一句话基本上都是：梁晓声的作品我读过，或者他的电视剧我看过，写得好。然后就是说他的人品好，心眼好。梁晓声不在场，不用恭维。我也就乘机说：当然，我的出书口号就是：“出好书，给好人出书。我看不上的，倒找给我钱，我也不出。”就这样，苦点，累点，就不放在心上了。我心里充满着感动。做人就要做这样的好人。

就这样，《梁晓声全集》的出版活动，在今年的三月，紧张地启动了。接着，梁晓声说，放置了近半年的电视剧

《知青》在全国人民代表大会结束后，有关部门终于以三步并做两步的速度开始审片，五月份将开播。

现在，梁晓声的电视剧《知青》开播快一个月了。《梁晓声全集》也要付梓了。作为《梁晓声全集》的策划和主编及责任编辑，不能说是“悲欣交集”，百感交集是有的。就像成年的鲁迅见到成年的闰土一样，不知说些什么才好。

平静之后，我想，人家梁晓声写了这么作品都没说啥，我只不过整理了一下，还有什么好说的呢?

就说点实际的。请梁晓声先生及读者原谅的。

其一，此全集不全。由于梁晓声的作品太多，有的连他自己也不知写过什么了。特别是散文、随笔、杂文，有没有收到集子里来的，我尽力去找。我想，一定有遗漏。

其二，此全集不全。由于梁晓声还在笔耕，一定还会有新的、好的作品陆续出来。所以，我决定《梁晓声全集》第一版只印一千五百套。这样，可以随时补进新的作品。这样做有两个目的：一是可以快速地更改错误；二是可以快速地补进漏掉的作品；三是可以快速补进新的作品。

其三，此全集有点“乱”。虽然说梁晓声的长篇小说、中短篇小说，每卷都很明确。可是，梁晓声还创作了近六百万字的散文随笔，难就难在这里。“乱”也就“乱”在这里。

首先，找全不易，这就不说了。

第二，时间先后不明确。各出版社给梁晓声出版的散文集近一百多本。每个集子里的作品，有新、有旧。出版社所选的作品有的还相同。有些想“有所作为的”出版者还将作品的名称给改了名。另外，梁晓声不仅创作小说，还写了多部电影剧本。这些电影剧本，有的改为文学作品，同时，也改了名。由于梁晓声的小说故事性非常强，有的就改为电影剧本。这样，一部内容相同的作品，有的以电影剧本的面貌出现，有的以小说的面貌出现，名称却不一样。这样，在编辑全集时，“查重”工作便成为一项重要的工作。我的原则是，宁漏不重。

第三，散文作品在“归类”时，基本上是以作品的内容归类的。这样，在创作的时间上就有点“乱”。排不上顺序。事难两全。只能采取一个标准，而不能顾及其余了。

第四，“站队”有点“乱”。在归类编排时，还要考虑到每个卷本字数的调整。在调整时，就得把字数差不多的“补进去”，或者“拿出来”，这样，也造成了归类上的“乱”。

我想，梁晓声的作品，都是让大家看的，只要看着好看，我呢，也随着他的思路来，即便是有一两篇“站错队”的作品也没什么。文学不是自然科学，也不必较那个真，只要大方向不错，就不是什么大事。所以，希望读者见谅。

我在策划出版《梁晓声全集》的另外一个目的是为学术研究做点资料积累。梁晓声是当代著名作家，从上世纪八十年代成名后，他的创作一直与中国的现实联系密切，被称作“平民作家”。在中国，他是一位不可多得的现实主义作家。为了给研究梁晓声的学者提供一份完整资料，尽量注明每篇小说的出版时间和文章的出处。但是，他有的文章写完后，没有发表，便直接进入了某个集子。比如，最近光明日报出版社出版的《郁闷的中国人》所收录的文章，部分发表过的，部分是没有发表的。这新写的作品，只能注明选自这部集子了。因此，收录在《梁晓声全集》里的作品，如果有作者自注创作的时间的，便在作品后注明创作时间。如果没有的创作时间的，以发表的载体时间为准。如果两个都没有，就只注明收录这篇作品的集子的出版社及出版时间。有的作品是从梁晓声处直接拿到的，没有发表时间，也找不到发表载体，只能阙如。好在，这样的情况不多。

另外，我虽是半路出家进入了出版行业。但是，前半路也跟出版有直接的关系，虽然不是搞具体的出版工作，不了解出版的具体环节。但是，却是在成天搞宏观管理、调研，注重的是内容，并且也更关注图书的印数、发行等等。因此，在搜集、整理梁晓声的作品时，我觉得出版行业所出版的每一本书，不仅是出版的记录，更是当下社会意识形态、经济形态的记录。所以，现在某些图书在版权页上不写印数，这对以后研究这一时期的出版形态是不利的。同时，这个行为也违反了出版管理定，只是没有人管这些事罢了。所以，我整理了这些出版记录，可以为学术研究提供一些基础性的资料。在出版《梁晓声全集》时，将历年来出版的有关梁晓声图书的印张、印数、开本、定价、装帧（平装、精装）进行了统计。从中，不仅可以看出印刷业的进步，也可以看出一些出版动态。

出版之事体大。出版《梁晓声全集》是大事。这么一件大事，在无领导之关心，无同志们之协助，无出版之资助的情况下，仅仅靠二三子之力，在短短的五个月里，完成一部五十卷本的全集，错误之处，在所难免，恳请梁晓声先生和读者方家，给予批评、匡正。帮我“拾遗补缺”。发现有错别字、发现漏掉的作品以及其他好有建议，请跟我联系，以便再版时改正。

真心感谢您的关注和关心。

二零一二年七月

其实，书评，并不难写。形式可以多种多样。就像婚礼，有中式，有西式，有旅行，有办会，有空中，有海上，有的送糖，有的请客。总之，就是告诉大家，我结婚了，祝福我吧。图书出版后的宣传也是这样。你可以用各种形式告诉读者：我的书出版了，请去买吧，它对你有用啊。也可以用哀兵法，说，救助救助出版业吧！总之，书评——宣传——营销。图书的性质之一是商品。让你的商品成为畅销商品，你可以采取任何促销办法来。

另外，作为一名编辑，不仅要会给自己的图书宣传，同时，还要为同行出版的图书进行宣传。这是你在圈子里交朋友的一个很好的办法。这要比请客吃饭强得多。同声相求，同声相应，这是规律。同行不必是冤家，而且应该是朋友。因为，你不可能包打天下，把所有的事你都能做了。所以，要给别人留有空间，要助他人一臂之力。这样，你在圈子的人缘就会好起来。机会也会多起来，至少，你的朋友很多。比如，商务印书出版了《中国古代的士人生活》，由于我跟该书的责任编辑熟悉，这时，你得友情出演。因为，宣传他们的书，并不影响你的图书发行。于是，我写了一篇书评：

中国士人的“亮相”、“造型”与式微

“士人”或者说“士大夫”，这个词但一出现，就会在国人的眼前，如同京剧人物的扮相——红脸、白脸、花脸、老生、小旦、青衣一样，只要他们一亮相，观众即由他们的语言、服饰、道具等等，立即判断出其身份（好人、坏人）及命运走向。这就是由戏曲表演的“程式化”给人们带来的对戏曲人物“概念化”判断。

中国的士人阶层，有如戏曲程式化的人物，自其在中国历史舞台上“亮相”开始，经过士人们几千年的自我“营造”，使“士”这个阶层成为中国历史舞台上不可或缺的戏曲元素之一。

他们是“知识分子”。他们掌管“意识形态”。“作册”、“巫”、“卜”、“祝”、“史”等劳心之事基本由

士来完成。另外，他们记录历史、总结经验，上至天文，下至地理。他们"在帝左右"、"为王爪牙"。可以说，他们是统治阶级的一部分。甚至最早时，他们也可能就是王。比如商王，也是当时最大的"巫"。如商汤"祷于桑林"，文王"推演八卦"。他们虽是依附于王，但同时也是贵族阶级的一员。那是商周早期的故事了。

春秋时期，天下大乱，谁有本事谁上。这本事从哪里来呢，那就得读书。读书长本领，这是千古不变之理。随着私学发展起来以后，贫民也可以成为士。士是竞争着登上历史舞台的。

学成文武艺，货与帝王家。这是士的终极目标。

读书万倍利。书——读书——成为构成士人身份元素之一。为了塑造士人读书的这个形象，于是，大量的关于士子读书的故事不绝于史书。"头悬梁、锥刺股"不用说，还有"凿壁借光"、"孙康映雪"等等。苦学、勤学、抄书、藏书、护书、写书，构成古代士人程式化生活的一个重要部分。"文人和书的关系，如同人与空气、阳光一样，一旦分离，将无法生存。纵览古代士人的读书生活，我们能领略到中华文化生生不息，不断发展壮大，它离不开古代士人的辛勤耕耘和不断开拓。”（孙立群《中国古代的士人生活》）不读书，无论如何也成为不了士人的。

衣冠楚楚，士人服之。穿衣，本来平常，一旦成为“行当”的标志，那就得另当别论了。即使当代，衣着也是行业的重要标志。如军人着戎装，小姐三寸黑皮裙等。士人，为了与其他平常百姓区别，他们着衣肥大、长至足背、袖子宽舒、长带束腰，头戴高冠，脚着高履。尽管有时随着朝代变化时，也有些变化，如忽而宽领大带，忽而长裾曳地，忽而促身修袖，但其基本格调都没有改变。研究者一般认为，这是“古代士人追求自然、随意的生活方式和我行我素的性格特征。”其实，我认为，更深层的原因，是“士”为了区别于其他“行业”的。比如与劳动人民的“褐衣短袖”的区别在于“宽袍大袖”的不劳动罢了。所以，才被讥为“四体不勤，五谷不分”，“肩不能担，手不能提”的废物。

食不厌精，脍不厌细。吃饭，更是平常。但到了士这里，一定要吃出个格调来，以示士与其他“行当”的区别。从众士的祖师爷孔子起，就有直接的记载了。对于吃，士人要“不厌精”，“不厌细”，以示他们有足够的“闲时”来对付“吃”。这是士这个阶层人物的自我塑造手法，他们于吃于喝都有无穷的讲究。比如，饮茶，饮酒，服药，也是士在吃喝中自我塑造的“闲适”生活的标志。

结庐在人境，而无车马喧。在古代，居住不仅仅是贫富的标志，更是贵贱的标志。士人一般情况下，都不是富人。总体上说，在未发达之前，应该属于社会低层。但是，就是要饭也要站着吃如孔乙己者，也要穿长衫，以示不失其“士”（读书人）身份。住也一样，虽不能高屋广厦，但一定要有士的特征。如徐渭家，仅有草屋半间，但也墙壁置有青藤数根，院中养花育草，井边有石矗立，与农家真的有所区别。这就是士人刻意追求的“造型”式生活，体现出“斯是陋室，唯吾德馨”的雅致生活来。石、藤、梅、兰、竹、菊、苔、芭蕉为士人居所常有之物，绝无牡丹等富贵之花，那多俗气。

赵叔彦有就闲斋：“庭中杂植众卉，幽兰、丛桂、篱菊、盆莲，秀色清芬，冬夏不绝。性不嗜饮，客至汲泉煮茗，相与笑谈其间，晏如也。”袁宏道《瓶史》：“寒花宜初雪，宜雪霁，宜新月，宜煖房。温花宜晴日，宜轻寒，宜华堂。暑花宜雨后，宜快风，宜空阶，宜佳木荫，宜竹下，宜水阁。凉花宜爽月，宜夕阳，宜空阶，宜苔径，宜古藤巉石边。”这是室外。

室内呢，号称“书斋或者书房、书室”。这里的布置称为“清供雅供”。一般都有以下事物：“道服、书、砚、墨、琴、香、香奁、隔火、炉灰、炭、宿火、榻、禅椅、隐几、蒲墩、滚凳。”（《清寤斋心赏编》）华淑列出的有：“名花、怪石、古琴、古帖、竹榻、小几、佛灯、窑炉、如意、焦团。”（《书斋清事》）从外而内，士人追求的是环境自然幽雅，得山林之趣。

这就是士人的“风、花、雪、夜”的自塑生活。

说到底，其实这都是士人的“万倍利”生活的自塑造。士阶层视此变为“万倍利”，用儒家的话说就是“素王”。如果没有为帝王师的可能，那就退而当“素王”，何尝不是一种富贵气象呢！何尝不是牡丹之富之贵之利之事呢？这也是士之阶层有时被斥为虚伪的根源吧。其祖师爷孔子经常被打来骂去，亦有此原因。

谈笑有鸿儒，往来无白丁。士的自我群体塑造，就是往来与雅集，士人如木，孤木不成林。士自滥觞起，便是知识分子的大聚会，形成的是独自的小圈子，小集团，体现的是“物以类聚”。他们聚在一起，高谈阔论，饮酒赋诗，弹琴鼓瑟，共赏美景，评论政治，臧否人物，品评文章。他们创造风气，领风气之先。他们以才学、才气、胆识等等其他阶层人物不能达到的技能而傲视其他阶层，其他阶层人物只能望而叹之、羡之，并且自愧不如之。士把其他阶层的人摒之门外，形成一个封闭的小圈子，使士这个阶层独立于舞台之上。至此，从其“亮相”到“造型”已大体完成。

我知言，我善养吾浩然之气。上帝照着自己的样子造了土偶之后，向这些土偶的鼻子里吹了口气，这些土偶便有了灵。能说话，能行走，这才是人。如果士这个阶层每日里风花雪月是闲适生活，那只能是一堆衣著鲜丽的行尸走肉，徒然消耗社会资源。历史上的舞台上不会有这一个阶层的位置的。那些都是士的“行头”，其内心横亘着“救民于水火，解民于倒悬”一颗赤子之心。只有有了这颗心的读书人，才能称得上是“士”。不管他是“居于庙堂之高”还是“处江湖之远”，不论他是在放荡狎妓，还是正襟危坐于独室，都可以称作为“士”。

历史的使命感，使他们关心现实，富有一腔正气，富有极强的同情之心。他们把“治国平天下”当做崇高的理想追求。“风声、雨声、读书声，声声入耳”。他们有浩然之气。这些气，一为自养，一为同气相求，同气相激，同气相助，他们借助这些浩然之气，直指政治之弊。孟子所养之气，直至骂皇帝为独夫！说出“君视民如草芥，则民视君为仇寇”之痛快之语！一部煌煌二十四史，都是士用自己用身体塑成，都是士用自己的心血写成。这些是士的代表。“先天下忧而忧，后天下之乐而乐”是士气的集体结晶！

历史的舞台上，这些士，凝结中华民族的精华，那是士的“气与节”。“气与节”是士的灵。士的灵在舞台上行走，士的阶层集体塑造至此从外而内地完成。士成为中国历史舞台上一道抹不去，掩不住的一道风景。

式微，式微。救国救民固然是士的理想，是士的千载之梦。但是，梦并不是都能实现的。积极救世的孔子也无可奈何地说：“道不行，乘槎浮于海。”不是所有救不了民的士都有条件乘槎的。于是，士转入“宽衣大袖”、“煮酒烹茶”的闲适生活，但仍不失为士。

古代的统治者也看出了士们刻意制造出来的闲适生活是与其争锋的一种挑战。士从一登台亮相，就在“气与节”上与其他阶层甚至皇权来分庭抗礼，以示高洁。哪个统治者不是心知肚明！于是，自元以降，统治者无不以摧毁士的“气和节”为本职工作，对士这个阶层进行无情打击，思想改造，肉体消灭。特别是清廷，几乎置士这个阶层于死地。

清亡后，士在民国时期有过一次回光返照。如火烧云，来得快，去得快。

当下中国的舞台上，已经没士的形象了。这个阶层，自动脱下其先人为其准备好的各种行头，换上西装革履，从历史的舞台上作鸟兽散，直奔台下，混同一般老百姓，跳进和谐社会的大海，捞金去了。

士如一丝游魂，漂荡在书本里，令人徒曾伤感。

《中国古代士人生活》　孙立群 著

商务印书馆，二零一四年六月第一版

定价三十六元

不仅要为同行鼓与呼，同时，也要为以后能够成为你的作者的著作进行评论。因为，作为一名编辑，要有自己的作者队伍。这个作者队伍的建立，不仅要靠熟人约稿、感情投入等方式建立。同时，还要有道义上的支持与投入。如果你在市场发现一本好书，以后你可能要约这类作者时，你就要关心这个作者，在不认识他的前提下，多读他的书。与考研类似，先把导师的书读熟了，再去见导师，这是基础。下面是我给一位作者写的书评，刊登在当年的《读书》杂志上。

吃辣椒——一种有意味的形式

知堂老人谈吃的文章很多，只有一篇是谈吃辣椒的，把辣椒的特点和吃辣椒的人的德性谈得很透。他在《吃青椒》一文中说："五味中只有辣椒并非必要，可是我所最喜欢的却正是辣……至于辣火，这名字多么惊人，也实在能够表示出他的德性来，火一般的烧钓你一下，不惯的人觉得这味觉已经进了痛的区域了。而且辣椒的花样也很繁多，不易辨得出来，不像别的那么简单，例如生姜辣得和平，青椒（乡下称辣茄）很凶猛，胡椒芥末往鼻子里去，青椒则冲向喉咙，而且辣得顽固，不是一会儿就过去，却尽在那里辣着，辣火的嘉名原该是他独占的。"（《知堂谈吃》钟叔河编）

辣椒的德性就是辣得顽固。直接刺激你的味觉，"尽在那里辣着"，不拐弯抹角，直接面对着你，就是辣！

五味中，辣虽非必要，可人们却非要整治辣椒，要吃辣，要征服它。"辣，不怕"。整治的方式很多，油之，麻之，酸之，甜之等等不一，这样的整治，可以说人已输给辣椒一段了。而给人们挣足了面子，真正敢于和辣椒面对面对抗的人，就是湖南人了。辣椒辣得有多猛，湖南人吃辣椒吃得就有多凶，独占吃辣大嘉名。“怕不辣”，一句民谣道尽湖南人与辣椒之间的关系。

辣椒进入中国有三百年的历史，湖南人就有吃辣椒的三百年历史。有的说是因为湖南祖上穷，缺少调味的盐和梅，所以才以辣代咸；也有的说是因为湖南的气候土壤适合辣椒生长；还有的说辣椒就是对了湖南人的脾气，所以辣椒这个海外物种，一进入中国就找到了湖南这个知音。实在正确！湖南人的德性和辣椒的德性一拍即合。惺惺惜惜。辣椒在湖南找到了代言人，湖南人找到了辣椒这个实用图腾。要说穷，不仅仅湖南人祖上穷过，整个中华民族的祖上好像也没有大富过。正是因为穷，应该选择不能“下饭”的东西方式，如减餐。东北农村有个习俗就是农闲时一日两餐，农忙时主食是粘豆包，抗饿！正相反，辣椒是刺激味觉的，本来能吃一碗的，因为吃了辣椒，却吃了两碗甚至三碗。越辣越吃，越吃越辣。食之只是能多“下饭”。岂不是越吃越穷！辣椒这个植物的生存能力非常强，有点水土和阳光就能生长。因此说湖南的水土适合辣椒生长的理由也不是很充分。况且，能种辣椒的不一定就能吃辣椒。所以说，辣椒与湖南人对了脾气才是真的。

湖南人最爱吃辣椒，而且吃得纯，就连大人哄刚会哭的孩子，也是拿一个干辣椒送进孩子的嘴里，权当安慰奶嘴。湖南应是“三苗”之苗裔，刚烈、倔强、不服气，于今为烈。“楚虽三户，亡秦必楚！”“若道中华国果亡，除非湖南人尽死！”“天下不可一日无湖南，湖南不可一日无左宗棠！”这些流传天下的名言名人，无不带着湖南这个强烈的地域色彩。屈原、伍子胥、王夫之、魏源、曾国藩、左宗棠、陈天华、黄兴、毛泽东、刘少奇、贺龙、彭德怀……从他们身上无不闻到一股子辣椒气。毛泽东的一句“不吃辣椒不革命！”硬是把辣椒和革命等同起来。就像卤水点豆腐给湖南人和辣椒的关系进行了历史性综合结论。

改革开放后，经济建设为中心。湖南不仅吃辣椒，而且把辣椒吃成一个产业，形成了一个辣椒经济，在全国推广。湘菜便是这个产业的急先锋。上个世纪八十年代初期，中国人不革命了，便一夜之间都成了美食家。西施舌、贵妃乳、猩猩唇，将原料这样切、那样挖，细细雕，如此摆，那般堆，做出些两个黄鹂一行白鹭的唐诗宋词及黄金！除了一篇名为《美食家》的小说和一些菜系大全外，好像没有什么可圈可点的。那时的谈吃，无非是显示“贵人吃贵物”。就像老佛爷每饭必百八十个菜，不是为了吃，而是为着大清朝的礼数。

以干辣纯辣为特点的湘菜就像进城打工的农民工，风尘仆仆地从乡下来到城里。开始没人注意，后受到拒斥，慢慢地城里人从习惯到离不开，从口味上革了贵老爷们的命。如今，普天之下，率土之滨，有饭店处便可见湘军。辣，辣椒，就是湘军手中的利器，征服了南人、北人、西人、东人、乡下人、城里人的味蕾。吃辣吃纯正的湖南菜辣菜成了风尚。因为，在这时，才能体现出你的英雄气概，革命本色。一种征服辣椒以后的快感，给你的生活增添一种活力，增添一道信心。敢吃辣，敢担担子，乘着辣劲也敢说点“辣语”。辣椒，满足了人们一种征服者的心理需求，因此，吃辣椒也成为一种有意味的形式。

蒋祖烜先生以一个湖南人的倔、辣精神，把一个人们心中所有而笔下所无的“辣椒与湖南”的认识，对一个小小的辣椒进行了研究。从品种、栽培、分布，把湖南从吃辣椒、种辣椒、推广辣椒的精神进行了梳理。从中看到了一种文化，一种地域文化和辣椒经济。这不仅让食者大开眼界，又让食者过了一把瘾，不仅是视觉上的，也是味觉上的。

《辣椒湖南》　蒋祖烜 著

湖南师范大学出版社，二零零三年版

这篇书评登在了《读书》杂志上，作者很高兴不说，在他以后出版的集子里，还选上了这篇书评。这且不说，作者在几年以后，做了湖南省委宣传部的副部长。通过他，找到了湖南的几位知名作家。这倒不是教人庸俗，我是说，感情不一定要用物质去交换。对于人的欣赏，特别是思想的欣赏，对于一个人来说，是很重要的。有几次，与某写过东西的人见面，你提到他的作品，他真是比吃了蜜还甜。关系即刻拉近。如果你写过他的评论，那么，就会成为至交了。

为了找《中国古琴小史》的写作者，我选中了在古琴界很有名气的琴师金蔚。但是，怎么找到他呢？正好，金蔚先生出版了《琴山砚田》一书，我便写了一篇书评，发表在《光明日报》上：

烟霞逍遥笔墨在　空谷弦外来清音

——读东白《琴山砚田》有感

古代士人以“琴、棋、书、画”为修身养性之必备，今日读书之人，术业有专攻，文学博士知琴为何物者已不多，数学硕士懂画者了了，纵有操琴者，执笔者，为棋者，书画者，业已成为谋生之饭碗。欲求当代之“博士”，难矣。

今得东白先生《琴山观田》一书，为已之孤陋感到惭愧。此书为东白先生近年所作之诗，所画之画，所治之印，所撰之文，所弹之曲之合集。全书分三部分：一为东白书画；一为东白诗，一为东白弦歌。徜徉其琴曲之中，展玩其诗、书、画，不由感叹：文化复兴，文化繁荣。此证之耶！

爱其文。

极爱其文细针密线，重裹叠包。不但以大气盘旋，又意曲如杨柳垂窕，婀娜多姿，若读新世说，魏晋之风再现眼前。如《竹》：

> 青龙埂穿北湖，两岸甚狭，中稍阔，家父围地半亩，造屋三间，与两家为邻，前后皆菜地，人称三户村。余至三至十六岁皆住此。父种竹窗下，一夜风雨，

晨起众鸟争鸣，笥已高于人也。

如《梅》：

山阴古道，梅老如铁，一身苍苔，上结冰花几朵。乡人不知风情，元明旧物，时遭毁损。虽怜之，可奈其何。故托纸笔传神。诸暨画梅名手，元有王冕，明有陈洪绶，又数百年，有号东白者出，虽天资稍乏，亦敢思齐也。

如《佛手》：

金华双龙洞，有水中出，养佛手最佳。每熟，乡人挑担入市，或供佛，或入药，或把玩，稍加盘弄，满手皆香，令人不忍去。今客北京，忽忆及，聊写一枚，似得其味。

如《秋居图》：

就教师范，任课甚少，尽日临书为业。室外一池塘，名凝碧池，旁有螺山，余与杜岳青、张晨风诸君，观老荷，赏苦竹，听书声，终日优游其间，莫比其闲。此即彼所画者，皴法无名，著以青绿，观者以为吾乡斯宅云云。画将就，忽地震，桌椅战栗，室如牛鸣，令人魂魂动摇。

这些小文，字虽少，意趣跃然纸上，如其小画，干干净净，清清爽爽，使人过目不忘。如果说，东白仅以此自乐自娱，抑或难以掠人心扉，或说只是得古人归隐之皮毛。若无些许针尖麦芒，在无意处刺着你的肌肤，你怎会去再回首寻些意境出来呢？在绵意之外，不觉其错综震荡，发人耳目，其议论笔力，足以直追明清性灵诸君，而其于生活细节，翻出历史的新议，却是性灵诸君所无。如《亦须冻冻》：

> 学生送兰一盆，短叶，甚可爱，置于东窗。吾冬日回浙，北京暖气如春，花不开，叶亦稍萎，故告知冻冻方好。妻曰："小人难养，君子亦难养也。"

读至此，不仅掩口而笑。"君子亦难养"，精辟！回溯历史长河，细细想来，古今多少是非事，皆为"君子"所为。小人之欲易足，"君子"之壑难填。史书中"君子难养"之事，若有心人来搜刮爬剔，可以做一篇博士论文，版权当归东白先生之娇妻。

对世俗之议，已不置一词。从他人口中所出，而自家却以平心和气处之。真山人（东白先生自号东白山人，山人者，隐士者流）之气度。其言如画，语语作金石之声。其凌厉之风，直接唐宋。其幽默诙谐，如元曲小令，令人发思古之幽情，生欣喜之心境。

如《神交大令》：

幼时常闻乡人言，献之执笔，其父拔之不出，故欲重执。习之，总觉不活。及长，读东坡诗，方知献之手敏，非执重也。某日获大令集，有书帖多种，皆未传后，便想其气味，以一笔书做之。其告仲宗送梨两帖，传世有本，然忘其大概，亦书之，达者一乐。

如《蒋村图》：

蒋村去诸暨二里，在西江中，四面环水，修竹掩映，不见人家，乃家父儿时寄养之地。养父云水，母杏花，皆纯良农人。余少时常往小住，结交兄妹数人。闲则拔茅针，寻鞭笥，忙则踩水车，晒新谷，乐无虚日。一日骑牛落水，至今犹在眼前。学期至，不欲回城，每每惆怅数日。今疏通河道，村不复存，老人亦故去，余画此图记其大略。村人见之，犹能言此方谁家彼谁家。画中策杖者，云水公也，晚年惧冷，春日犹穿棉袍，思其音容笑貌，不胜感慨。

《德国油画写生》令人拍案噱倒。东白先生琴声远播西番，经常被黑白皮肤之类请去讲学、弹琴。据东白记录，一日，他在德国无事，画画西洋之画，读读西学名著，夜间，西人先哲，竟频然入梦。两人相对无言：

> 杨嵋归于德国，其夫艾克萨森，精梵文，为世所重。虽未习中文，听人弹琴，立能察其玄徽，辨其高下，故引为知音。近年邀余传琴汉堡，便客居易北河教会旧墅，白日无事，买画布数尺写生，亦多意趣。夜卧小窗墙下，西人先哲，频入梦中，无所对，接其眼神而已。

“接其眼神而已”何其神来之笔。东白所熟为吾大汉语言，大汉文字，想东白先生未必认得几个蝌蚪之文，而西之先哲亦未必知吾国上下奉其文为经，两人无共同背景，无共同语言，无共同山水，连每日必过舌尖上的东西皆为异味，能说些什么呢？有什么好说呢？只好“接其眼神而已”！

每读李清照《金石录后序》，或读《柳如是别传》，遥想古人知识夫妻之生活情趣，不禁叹后现代生活之乏味。观至《见此妻必笑》、《黄泥满山花未开》不禁艳羡东白先生之福：寒夜挑灯猜谜，春日寻花名山，俏语娇音，散入读书人之耳，增快乐之感，《见此妻必笑》：

> 东坡画枯木，藏之日本，干如虬龙，枝如鹿角。吾摹其一本，自为得意，持以示妻，妻亦称赏，后见原

图，随口曰："不见不知，竟有此等差距。"言罢相视大笑。今再画一株逗之，妻曰："此树含情，东坡有不及处也。"令人绝倒。

《黄泥满山花未开》：

妻籍南京，吾岁必游之。一日雨后，携妻往梅花山，探梅失路，转至孝陵，见墙内数枝跃出，花点晨星，恨不得入。忽至一园，工未竣，入内黄泥山新起，高数丈，遍植小梅，盖百十株，亦有发花者，丹萼玉朵，雨露润泽，似有暗香徐来。梅观其老，今新枝新花，亦有滋味，凝对良久，不觉脚陷黄泥矣。呼妻相扶，妻笑曰："为花失足，不扶。"

东白先生画乃文人画一类，有宋画余韵，索者颇多。东白亦乐于众乐，常将得意之作赠人。事后记之，表为记事，里为讥世，不着一字，尽得风流。如《快雪时晴两卷》：

琴生秋虎索画，以快雪时晴为题。余画两小卷，一梅竹，一山水，梅竹赠之，山水自存。虽师古人，其新自在，不求个性，独异众人。想往日谒启先生，先生曰："我等追古学祖宗，有后现代者，既现代还欲为后，学孙子也。"思之令人失笑。

失笑之事，多矣，东白先生唯记此，拈花微笑，意会言传，有如对西番哲人，唯眼接目送而矣。

山人避世，以求全性情。看花开花落，人生苦短，生命如一江春水，奔腾而去，见美人迟暮，徒增惆怅，此非古人所道乐极而生悲者耶？悲的是人生不满百，常怀千岁忧。淡淡的忧愁隐在小小的欢乐之中，忧愁更添一层，不可语人。《此香可久》：

> 吾以佛手赠妻，妻置书架上，一月干瘪，虽有余香，色老难看，余故欲弃之。妻曰：“嫩则丰腴，老则萎瘪，是物皆然，若美人迟暮，可忍弃乎？”故留之。

以东白先生之才之睿智，各种“场”都应该是有“气”的，但东白先生却执着于“山人”行径，自有其道理文以明志，观其《懒人最宜》，便获其心：

> 吾养富贵竹，皆不能久。有琴生曰：“换水则损，不换则生。”即从之，于是日见其欣欣，盖顺物之天，清闲便得富贵。赞曰：一尺净瓶，数瓢清水。无欲无为，是名富贵。

人人都求富贵。古今中外。黑白黄棕，概莫能外，但，什么是富贵，却是千人万念，没有统一的标准。东白的富贵观是“无欲无为，不显名于世”，如山中之《兰》：

吾十五从赵宇明先生游，先生画兰世家，尽传家法于我，故得之甚快，唯不能出神。先生曰：“须养兰，朝夕相对，日久自佳。”于是栽之，兰成活甚易，即君子随遇而安。唯发花为难，如知音不可时遇。

某春，随母入山祭祖，归时寻兰，至小谷，枯柴交接，落叶满地，忽见坡上一株，色碧如玉，纤尘不染，乃子固笔下物也。噫，吾观盆兰数千，无论贵贱，如茅似韭者多。板桥曰“分付诸花莫出山”，始知其意矣。

全性为富贵，这是东白先生的富贵观。何为全性？物则尽物性，人则尽人性，即为富且贵矣。

喜其画。

苏东坡最广为人知的一句画评是“味摩诘之诗，诗中有画；观摩诘之画，画中有诗。”这句画评，只改一字，全合东白之画，即“文”中有画，画中有“文”是也。如“立于新梅之下久矣，”取此意，画成一幅，应承丰子恺先生之画风，为画中小品。如那个“瘪佛手”，老丑而能入画，入画而能成文，文成令人伤悲，不是文人画的精髓么？

今观大书画家，画山画水，烟云满纸，乌烟瘴气，观之令人胸闷；画梅画荷，老枝败叶，溢出纸外，望之令人意乱。展玩东白君之画。真应了流行于网络的语言“小清新”之意。一枝含苞待放的幼梅，一个干瘪的佛手，一盆兰花，甚至年已八十高龄的外婆所做的几片腊肠，皆入东白之画，无一不显着那么干净、清新，那么利落，无背景，无映衬，那么直白，却意味绵长。其笔下的故乡。不仅让我们回到了我们意象中的家园，再一次感受到“江南好”。这个“江南”，是知识分子们早已失落的“家园江南”。

东白先生用这本集文、诗、书、画、砚为一体的小书，把我彻底带回了一个人文的世界，一个精神的家园。就像一个手把件，静静的，让你爱不释手，一次一次在把玩中体会到它的精细，一次一次地发出会心的微笑。

不敢臧否其诗、印、琴。

东白之印，名家评曰：“其印则意巧圆方，气完顿挫，香远益清。”我不知印，不敢妄加评说。

弦歌者，士人之雅事。遗憾的是，吾亦不能知音。东白此书最经典的是他为古诗打新谱。书后附有东白先生的古琴曲。

听其琴，声如远古传来，本人学浅，不敢置喙一词，琴家侯辉评其操琴之声曰："东白操缦清商，得之天籁；游心大象，郁发心华。"我想这是琴家对琴家的最高评说了。夏日，在琴声中，展观东白先生的烟霞笔墨，逍遥文字，觉清风习习，如坐竹林间。

《琴山砚田》　东白（金蔚）著

西泠印社出版社，二零一一年十二月第一版

这样，以书评为媒，拉近了与作者的关系，并能够成为朋友。交朋友的方式很多。但是，作为一个编辑，我认为，还是以文会友，以书会友比较实在。

柒　黑马踏不到的飞燕——谈谈校对

出版，一直是国营垄断行业，属于上层建筑领域。上世纪九十年代前，个体、私营者没有敢觊觎这块领地的。随着社会经济的发展，民间资本的积累及出版社的服务不到位，出书难，买书难等问题的严重出现，使出版政策有所宽松。即作者可以出钱补贴出版资金不足。同时，出版社不付作者稿费，由作者负责卖书。这样，使得社会游资以补贴出版的形式进入出版行业。他们可以从出版社买到书号，自己出版发行，这就是买卖书号行为。

这些个体、民营单位或者个人进入出版后，许多是没有受到编辑专业训练的人员。特别是要买书号才能出版，除了资金、人才等方面的不足外，民营、个体每出版一本书，都要比出版社付出有形的代价——二万元左右的书号费。如果算一笔小账，一本定价二十元的图书，得先要卖掉三千本书，才能把书号钱挣回来。也就是说，国营出版社出版同样一本书，只要卖三千本，就回本了。而民营、个体的，则至少卖六千才能回本。那么，那三千册的成本从哪里出来呢？就得在校对、排版、印刷费里省。打个比喻，图书成本就像是一碗小米，只能添水做一百碗粥，都卖掉，去掉水、火、人工等，才能有百分之七八的利润，水、火、人工等成本，应该说对出版社和个体、民营是等量的。

关键是这碗小米的成本，那就是硬性的差别。国营的这碗小米是国家无偿送给出版社的，出版社的这碗小米没有成本。也就说是没有书号费的。

而民营、个体的这碗小米，要花二万块钱从出版社来买。这样，民营个体与出版社出版同样的一本书，民营、个体就必须多支持硬通货小米的钱！那么，民营、个体如果也按标准做一百碗小米粥的话，肯定是赔死的。所以，就得用同样的一碗米做二百碗粥，如果正常地做五十碗粥或者也做一百碗，那么就得用点地沟水什么的，才能把小米的钱省出来或者"挣"出来，要么就得减少其他成本的开支。

省什么呢？首先就是省去了校对。出版要求是三审三校。重点图书甚至达到五校六校，甚至八九校，都难保不出错。而民营、个体，则由责任编辑一审到底。或者就请一次校对，然后就开印。这是无错不成书的根本所在。

这也是没有办法的事。所以，作为责任编辑，更应该有校对的意识。在发稿时，争取减少错误。如果校对只是一次读校的话（现在，许多出版社转企后，为提高效率，节约成本，大多采取编校合一体制），那么就应该把好编辑关。通过对《梁晓声全集》的编辑工作，总结出几点经验，以供编辑校对时参考：

1、"混帐"是要犯错误的 ——说说通假字

古汉语中的通假字，是不能用现代汉语来代替的。比如"光被四表，格于上下"，虽然"被"与"披"通，是"披"的意思，但是，用原文时，"被"绝不能改为"披"！如果改"披"，就是把正确的改为错误的了。汉字的通假，可以参看中华书局出版的王力著的《古代汉语》。

比如"帐"和"账"两个字，经常用错。此"帐"非彼"账"。当"钱"用的时候，一定要用"账"。因为，古代钱属贝。即我国古代最早的钱是用"贝壳"来计算的。所以，与钱有关的字，都是"贝"字旁。如"货"、"贷"、"赊"、"贪"、"贫"、"贵"、"贱"、"赔"、

“购”、“资”等等。而“帐”，属“巾”旁，指的是丝棉麻等织品。即古人做“账本”的封面的材料。做好的本子，是用来记账用的。所以，在用做“帐本”的这个意思时，可以用“账本”也可以用“帐本”。除此之外，绝不能通用。比如“算账”，绝不能“算帐”，这个字经常混用，一定要注意。

2、回头草要吃一吃 ——说说再看一遍的意义

在编辑过程中，有时，发现了问题，但是，由于考虑不细或者囿于自己（自信）的常识，就地“解决”了问题，比如在遇到“这辆车替我为下了一条街的人缘”这句话时，直觉告诉我，这句话的“为下了一条街的人缘”的“为”字用得应该不是很恰当，我就顺手改为“这辆车替我也围了一条街的人缘”。

最后定稿时，我又翻了一遍，包括我自己改过的，就觉得将“为”改为“围”好像也有点不太对劲儿。于是，又仔细地想象对象说这个的话意思，就是他用这辆车为街道的人们做了好事。所以，他在这条街道上的人缘比较好，是这辆车的功劳。用“为下”不对，用“围下”也不太合适，最

后，我觉得用“维下”比较好。“维”有系意，有“维护”之意，因此，在最后看一遍时，发现自己的错误。

再看一遍的意义，在于发现了有时顾前不顾后的毛病。比如发现“他们是自某枯萎的花昌”这个病句。“自某”的用法肯定是有问题，于是改为“他们是自愿枯萎的花昌”。等我最后再看一遍时，与前文意义相对比，发现，我改的一是不太确实，二是后边的“花昌”也没有这么个叫法的。可能也是不对的。结合上下文，按作者的意思，应该是“他们是自甘枯萎的花草”。改后，不觉出了冷汗。有时，太盲目自信，是要犯错误的。

3、黑马踏不到的飞燕 ——说说黑马校对

现在，许多编辑迷信于黑马校对，通过编辑这几套图书，我发现许多错误黑马是跑不出来的。特别是形近之字。如：

财迷——则迷

富家——富农

何——伺——则

使总是——便总是

夯人——夯入

不经意问——不经意间

臂带——臂戴

褪毛——煺毛

撤消——撤销

读圣经——读《圣经》

普通形成——普遍形成

工宣队长——工宣队队长

推判——批判

逢年过年——逢年过节

从识到——认识到

我真想身问一句——我真想深问一句

对嘻哈哈——嘻嘻哈哈

时时地摆地着我——时时地折磨着我

所以找常想——所以我常想

肖红故乡的人——萧红故乡的人

东走西窜——东走西串

鸦静片刻——雅静片刻

看后对我说说——看后对我说

谈了一个上缸——谈了一个上午

沁人——沁入

去工了——去工作了

神祇——神祇

英寸——英吋

脸上经常浮现看——脸上经常浮现着

使劲儿点头——使劲儿点头

过普通人而言——对普通人而言

黄河百战穿金甲——黄沙百战穿金甲

专治——专制

这些，只能用人工校对，才能发现其错误所在。黑马踏不到的飞燕是很多的。因此，如果把希望都放在黑马上，那是万万不行的。

有时，黑马还会跑错了道，即如果按黑马指示的改正，就错了。黑马是人工设置的程序，这些程序本身就不可能包罗全部汉字。其做出的改正指示，一定要仔细地结全上下文，再确定，否则，也会出错的。如：

原　　文：不妄我做了这番手脚

黑马提示：不忘我做了这番手脚

正　　确：不枉我做了这番手脚

原　　文：身魁力大

黑马指示：身魅力大

正　　确：身强力大

原　　文：破棉猴

黑马指示：破棉袄

正　　确：破棉猴

原　　文：其二曰光仁街

黑马指示：其日光仁街

正　　确：其二曰光仁街

另外，黑马还有另外一个致命的弱点，就是“色盲”。灰燕或者红燕，它都看不到。许多老先生的稿子或者古书，都没有电子版，在重新出版时，就要找到原来出版过的书稿，进行扫描。在扫描的过程，一是有可能漏扫，二是可能重扫，这两种情况，黑马无论如何是跑不来的。因此，一定要坚持人工校对和黑马结合进行。一校一定要人工校，二校过后，请出黑马来。这样，才能保证图书的出版质量，不可盲目自信或过于相信黑马。

另外，通过对“中国小史丛书”、“中国当代小品文丛”、《梁晓声全集》的编辑过程，对于文学作品中的错别字，大致摸到了一点规律。特别是扫描文字。电脑的识别有误，主要是形近字造成的。这样，在校对时，如遇到这些字，一定要格外注意。如下形近字，电脑基本上都没有识别出来，如：

人——入

日——曰

己——已

竞——竟

听——昕

于——干——千

若——苦（如苦）

讨——诗（讨兴大发）

响——晌

菌——茵

少——小（小男少女）

咋——昨

上——止

腹——腴——膜

疹——瘆

唔——晤

伺——何——向——间——问——句——同

撤——撒

搦——搧——煽——焗

风——夙

槛——褴

付——忖（思付）

路——格（性路）

子——手（子上）

集——果（后集）

们——门（人们 ）

眼——服——跟（跟泪、服泪）

儿——几（几子）

重——雷（重声）

狈——视（狈视 ）

陏——情（表陏）

棚——栅（棚栏）

娇——骄——妖

咸——成

惊——琼

快——怏

日——目——白

肘——时

暧——暖

饴——抬（饴头）

堆——推

淮——准（淮星）

天——夭——夭

自——咱（自们）

白——自（白己）

计——过——讨

免——兔

喝——瞩

梗——便

但——担

纠——赳

仲仲——忡忡——冲冲

列——到（感列）

注——住（停注）

一一——破折号

我整理了一个《正误表》，都是在编校过程中发现的一些错误，附在最后，可以作为参考。编辑是一个细致活儿，也是一个熟能生巧的工作，是个靠年头和经验出成果的工作。因此，做得多了，自己就会摸到一些门路。我就是在编校了这几套书以后，自己摸到这点窍门，拿来跟新编辑们分分享，你可能会有比我更好的经验。编辑是要经常交流的，是可以互动的。

校错别字，有如秋风扫落叶，扫了还会有。因此，编辑跟错别字“有仇”。所以，古人把校对也叫做是“校雠”。并且专门有一门学问叫“校勘”学。

4、最后的粉擦在哪里 ——谈谈付印前一定要做的几件事

古人曾说过，校勘如秋风扫落叶，随扫随生。因此，图书出版的差错率允许在万分之一以内。也就是说，只要一本书的错别字不超过万分之一，就是合格产品。虽然是这么

说，但是，如果你买到一本新书，没看几页就是有错别字，你是什么感觉？

一本书就像一个人，开头就像人的脸，人要出门前，一定要把脸洗净，有胭粉也要往脸上擦，总归还能够遮遮丑。

因此，我个人总结了一个经验，就是在付印前，一定要把书的前十页和后十页，再看一遍，不能有错别字。不能让那万分之一出现在两头。俗话说得好，看一个人是否干净利索，一看头，二看脚。看看他的鞋子是否干净，看看他的头是否干净，这是第一印象。书也如此。开头结尾，一定不能有错。有的读者有这个习惯，前看后翻，是从后往前看的。

另外，作为责任编辑，在图书付印前一定要按程序做好以下几条，就可以基本上保证你的胭粉擦在了脸上：

1、封面书名、作者名与内文书名、作者名及版权页是否一致；

2、有拼音的，要看拼音是否正确；

3、目录与内文标题及页码是否一致；

4、有书眉的要核对书眉与书名是否一致；

5、有插图的，要校对插图文字是否与内文相符，插图是否置、错置，或存在反图等。

6、引文符号，特别是有的“：”与“；”号，要注意看一眼，另外，段落之间的标点符号，有的没用“。”号，这些都是容易“露脸”的。

作为一个编辑，如果能做到这些，你责编的图书，应该算是合格品了。

捌　付与时人冷眼看——试试你的编辑能力

既然讲了那么多错别字，我想还应该搞个范文，就像教学一样，讲了那么的例题，总应该有作业来加强来巩固的。

用人家现成的文章，用错别字给搞个支零破碎不好。再说，人家会不会不高兴？怎么办？

于是，我就自己写了一篇小说。也就是用这些错别字来造个“大文章”，能用上的都尽量用上。

读者着读着也有意思，都当一回编辑，可以任意的改！前边是错别字版、后边是我自己校正版，即用校的蓝样不动，使读者不仅能够比对错误之处，同时，还能学习一些规范的校对基本规则，最后是正确版，这样，这本书于我来说，算是功德圆满了。

基于以上想法，便有了“实战”篇“试试你的编辑能力”这部“错字小说”，使读者在阅读小说时，看看自己的眼力，能否把小说中的错别字找出来，试试你的“战斗力”。

赵丽的故事（错别字版）

赵丽，总是安安静静的，虽然长的高高的，走起路来，没有一点风，在急的事，也没见过她跑过。

大家说说笑笑时，她就在一旁眠着笑，从来没见过她跟谁发过脾气，吵过架。

赵丽高子大，坐在后边。教室有前门，有后门，她挨着后门，那些调皮捣蛋的学生来晚了，从不走前门，都从后门溜进去，赵丽呢，一般也不把后门关上，留着，来晚了的，躬着腰，缩着头，蹑手蹑脚地往里溜，女同学呢，就轻轻拍一下她的后背，挤挤眼，算是对她的感谢，男生呢，不知道怎么感谢得她，就欺负别的女生给赵丽看，好像是告诉赵丽，看，我们男生没有欺负你的。

赵丽的人缘极好。有时，天热了，她就把椅子从教室里拖出来，坐在楼道边上，倚着捎栏，看着楼下的同学打闹，课间时，她除了上厕所，一般不下楼，不管什么时候，她都笑咪咪的。

高中毕业，赵丽没考上大学，就到招工到锻压机械厂上班了，也就是十八岁。

上高中时，赵丽谈了一个男朋友，是她上一届的，这个男朋友孝上了山东大学，山东大学在山东招生多，分数也相对低一点。赵丽呢，在车间里干活。

车间里做工，是很累的，同时招工的还有几个同学，锻压厂，在当时，是全县最大的一个国有企业了，到那里当工人，在一九八三年，已经是很不错的了。

一年了，还在车间里作工。她的同学之一，已经去当会计了。她们没事在一起聊天，同学问她，知不知道厂子里要招一个统计?

赵丽说，不知道，同学说，你也不常问问，打听打听，你老这个样子，动也不动，谁还会主动来找你呀！赵丽问，那我找谁?说你，笨死了，找厂长，找管你车间的厂长!

在一个春风沉醉的晚上，赵丽找到了管车间的副厂长的家，敲开了门，厂长在家。

锻压厂是青岛的，厂子设在胶县，工人从胶县招。上层领导呢，都是由青岛配。所以，领导天然有两个家，一个在胶县，一个在青岛。厂长的老婆在青岛。

赵丽站在门口，笑嘻嘻的，不知道说什么好。

厂长说，请进，请进，这不是锻造车间的小赵么，厂子里的大美人，怎么现在才来找我呀。

赵丽说，我不知道调工作还要找厂长，俺主任说，是都要看表现，只要自己干好了，领导都会想着的。

厂长说，快进来，有话进来说。

赵丽就扎着两只手，跟着厂长进去了，差点被门坎绊着，厂长扶了她一下，她进了 屋，不知道把手放在什么地方好。

厂长把门关了，让赵丽坐下，给赵丽倒了一杯热水，赵丽说，不喝，刚喝完了才来的。厂长说，那就等渴了在喝。

赵丽说，厂长，听说，厂里要调个统计，你看，我们一起来的，都不在车间干子，支有我，还在车间里，她们活，这个活，适合我干。

厂长说，我也原意让你千，想着你能来找我，这不，你就来了，要是说起来，你们这些高中生，来这个厂子，已经是屈材了，更何况在车间里。

确实，那时，高中毕业的，大都进了银行、工商、税务、交通、邮政等部门，像赵丽这样，直接进工厂的少，就是进了工厂，做办公室的居多，直接在车间里的也少，因为，赵丽的爸妈都在炭黑厂当工人，管不了赵丽的事。

赵丽的脸狠红狠红，说，是来晚了，要不是同学提醒，自己也不知道要来找厂长呢。

厂长说，不晚，不晚，这个位置就是给你留着呢，厂长边说，边朝里边的卧室看，赵丽也跟着探着头往里边看，里边只有一张大床，没有什么人呀，赵丽一脸有疑惑，厂长还是往床上看，然后看着赵丽，赵丽的脸慢慢地变了色，眼睛看着那杯水，那水已经不热了，赵丽看了看门，门关着。

厂长看着赵丽笑，赵丽看着厂长笑。厂长说，你的事，我知道了，你先回去吧，想想，想好了，再来找我，看，天这么热，还穿着裤子，这么漂亮的姑娘，应该穿裙子。

赵丽站起来，住门口走，厂长拍了拍赵丽的肩旁，赵丽的个头跟厂长差不多一投高了，厂长给赵丽打开门，面对着赵丽的脸，很近，赵丽能够觉得厂长的呼出的热汽，吹进她的鼻子里，赵丽低着头，说，那，就谢谢厂长了，厂长说，别客气，没事来玩，反正我一个人，也没事。

赵丽从厂长的屋子出来，走下楼，回头又看了看厂长往的这个楼。

过了快一个月了，赵丽还没有当上统计。

这期间，厂长来过车间儿次，特意到赵丽这里走了走，问候了几句，赵丽觉得同事们的挤眉弄眼。因为，从厂长家出来的第二天，就有人跑过来问赵丽，昨天晚上干什么去了，赵丽说，在家呆着，同事说，在家呆着，怎么有人见你从厂长家出来？赵丽说，就在厂长家呆了一小会儿，然后就回家呆着了。

一小会儿？一小会儿，可以干大事呀，大事，都是一小会儿里干的呀！赵丽说，真的是一小会儿，真的是一小会儿，同事说，没人说你不是一小会儿呀。

一小会儿，赵丽就变成了一个祥林嫂。

一小会儿，这个同事来问，赵丽说，只是一小会儿，一小会儿。

一小会儿，那个同事来问，赵丽说，只是一小会儿，一小会儿。

一小会儿，同学也来问，赵丽说，真的只是一小会儿。

赵丽都快哭了。赵丽就是急得要哭，也还是不慌不忙的，同学就说她，看看你，都办了些什么事，没吃着羊肉，倒惹一身骚。

厂长的老婆来了，到车间里，问，谁是赵丽？赵丽就过去，说，我是赵丽。赵丽的脸上就被狠狠地打了两个耳光，车间那么嘈杂的声音，都没有遮住这个记响亮的耳光发出的清脆之音。

赵丽真的哭了，唔着脸，她不会炒，也不会闹，也不会跑，站在那里发愣。

厂长的老婆是青岛人，却用变了腔的普通话大骂赵丽，胶县人管这用种不伦不类的腔调说话叫“撇腔”，厂长老婆撇着腔骂赵丽，不外是什么狐狸精之类的，前边再加上个定语:是九尾的，也就是说，厂长的老婆认为赵丽是个长着九条尾吧的狐狸精!

胶县这个地方，古代属齐国，齐国出的是姜太公，姜太公不但会用直钓钓鱼，而且还最会治狐狸精，所以，这个地方的男男女女，老老少少都会把狐狸精这个辞挂在嘴上。厂长的老婆见赵丽打不还手，骂不还口，跟块木头似的，冶起来也没意思，臭了半天，赵丽就会站在那里哭，厂长老婆又踢了她两脚，跑着找厂长算帐去了。

厂长老婆这么一闹，全厂的人都知道这件事了。

厂长的老婆找到了大厂长，说，要么让她男人回青岛，要么开除赵丽。厂长说，这事，他说了，也不算，看看上边怎么说吧。厂长的老婆就回青岛去了，走时，留下话说，如果不让厂长回青岛，大家都会有好果子吃！

赵丽被臭了，真是全厂都臭了，没人理她，认为她是个狐狸精。赵丽还是那个样子，没事，就是不笑，脸上也总像是在笑，因为，赵丽长了个笑眼，两眼梢微微上翘，让你觉得她总是在笑。

夏蝉高鸣，细柳委地，夕阳西下。赵丽一个人走在路上，厂长迎面走来，顺手塞给她一张迭好的纸条，赵丽没敢抬头，两个人擦肩而过。回到家里，赵丽躲在自己的屋子里，偷偷地把纸条打开，上面写着，让赵丽明天晚上九点半，到他家里去。

赵丽的心也没跳，脸也没红，手足也没发冰，她没做任何的思想斗争，也没住太多的地方想，就上床睡了。

自从被打以后，赵丽对所有的事，都发晕，想不通，也想不开，也不知道怎么想，也不知道以后怎么办，反正，她就会睡觉，她就睡觉了，她妈也不怎么管她，因为，赵丽从小懂事，从来不招灾惹祸，惹事生非。

第二天，赵丽穿了条裙子，上班了。自从上班，赵丽就没穿过裙子，在车间里，干活，穿裙子，不方便。同事们都过来看，说，赵丽的裙子真漂亮，小嫚儿，穿裙子才好看，才像个小娘儿，听着，赵丽就笑咪咪的。

下班，赵丽就回家了，吃了晚饭，快到九点了，赵丽说，她要出去一下，她妈也没说什么，赵丽就蹋着夜色，来到了厂长家。上楼，到厂长家门前，门开着，赵丽就推门进去了。

厂长给赵丽到了一杯水，赵丽说，在家喝过了，厂长说，没事，渴了在喝。

厂长说，真是对不起赵丽，真的没有什么，不知道他老婆是怎么知道的，没想倒，他老婆会这样无理，让赵丽受了委屈。

赵丽，坐在那里，两只手搓着裙子角，是藕荷色碎花百褶裙，是赵丽和她男朋友上青岛，男朋友给买的，赵丽只穿过一次。

厂长说，你这条裙子挺漂亮的，特别是你穿起来，更好看，这藕荷色，不是什么人都配穿的，长得不白细，穿了，就显得糙，长得太矮，穿起来，往下坠，显得更矮，太活分的娘儿穿了，压不住，只有你穿，才是婷婷玉立的感觉，就像月夜下的荷花。

厂长问，知道为啥夜下的荷花招人爱？

赵丽说，不知道。

厂长说，一般的花，夜里都闭了，只有荷花，越是安静，越开，越开，越安静，动静相宜，那是美，不是漂亮。

赵丽没吱声。厂长说，看，这事，闹的全厂的人都知道了，你的事就不好办了，而且，我呢，也是泥菩萨过河。让你受委屈，我心里也不好受。我老婆，就是成心，也不知道是谁这么缺德，这大老远，她怎么知道的呢？赵丽不吱声，端起那杯水，已经凉了。

厂长说，既然大家都这么说，也没有，还不如有了，就是说，不也值了？赵丽没有吱声，厂长又伸头往里边看，看了又看，赵丽没吱声，厂长就把赵丽的手从裙子上拿开，摸了摸裙子，说，真的挺好看。然后把裙子一角掀开，赵丽白白的大腿就露了出来，厂长说，看，只有这个才真的配你这个白。

厂长的手摸了一下赵丽的白腿。赵丽没有动，她仍然在那坐着，嘴角微微向上，像笑一样，赵丽生就一张笑脸，两只眼角向上，嘴角也是向翘的，所以，你总觉得她在笑。

厂长拉起赵丽，紧紧地抱住了她，赵丽也没有反抗。厂长拉着赵丽到了卧室，拉过一个枕头，让赵丽躺下，赵丽就

躺下了。这一夜，赵丽没有回家，

第二天早上，厂长带着赵丽下了楼，一起上班去了。路上遇见厂里的人，赵丽还是笑眯眯的，反到是那些人不知说什么是好。

赵丽！一声狮子一般的怒孔，盖过了机器的轰鸣，还没等赵丽反映过来，她妈已窜到她的面前，杨手给了赵丽一个大耳光，一点也不比厂长老婆的手轻，赵丽觉得她妈打得比厂长老婆的还狠，她捂着脸，没有哭。

赵丽的妈指着赵丽的鼻子骂了起来，你这个不要脸的蚤狐狸，从今天起，你就不要回家，你没有俺这个娘！赵丽哭了，她娘说，你再哭，也洗不干净你那张臭脸！

下班了，赵丽没有地方可去，厂长说，都是我引起的，就住我家里去吧，我跟你结婚。赵丽就跟厂长去了厂长家。

厂长的老婆来了，同时还带来了一纸调令，厂长回青岛总厂上班，还是副厂长。厂长的老婆这次没有打赵丽，只是说，你这个小嫚儿长得挺利整，怎么就不学好？——晗——

我还得感谢你，要不是你，他怎么能回青岛，晗——，我了解，我知道你也有个男朋友，你想想，你怎么能对得起他，晗——。

赵丽穿着她那条已经起了很多横褶的裙子下了楼，她知道，楼里有很多只眼睛看着她，她想快点离开这里，可是，她不会跑，她从来都是一步一步地走，除了体育课要跑步，除了运动会要跑以外，她从来没跑过。她还是一步一步地走出了楼里人们的视线。当厂子里的人实在没有新闻可谈时，就会把赵丽从海底捞出来，说：真想不到，啊，赵丽脸皮真是厚，不用管是谁，都会害臊，赵丽？那天，在那样一种的情况下，还那么镇定，没事人一样，真是没见过。

赵丽找到刘淑英，说，俺娘不准俺回去了，先在你家住几天。刘淑英说，你就是个彪子，谁象你那样，谁让你去找的厂长？

赵丽说，柳芳说的，说俺厂要要个统计，要我去找厂长说说，我说了你也不信，第一次，真的就在厂长家里呆了一小会儿，不知是谁，真是缺德，我也不知道，怎么厂长的老婆就知道了。刘淑英说，算了，不用说了，第二次呢，谁让你住到他家里的？赵丽说，没有办法，俺娘来打俺，道是不让俺回去么。我原本想来找你，正好碰到厂长，他说，不用怕，就住到他家去，他要和我结婚。

淑英说，现在，他又不跟你结了？赵丽说，他老婆来了，这次没有打我，只是把厂长调走了。淑英说，算了，男人，没有一个好东西，你上了他的当。赵丽说，厂长说，不住在一起，人家也说在一起了，还不如就在一起，看他们还能再说些什么。

说些什么，淑英说，那你就不管你的男朋友了，他知道了，会怎么样？

赵丽说，我也不知道能怎么样，大不了，他不要我了，算了，省心。反正，我已经这个样子了。

淑英说，也是，大不了，吹了，就是不吹，他大学毕业，还能回来？这是早晚的事，早结束，更好。

赵丽的男朋友，在山东大学政治系读书，听说这件事以后，特意从济南回来，她找到赵丽，赵丽什么话也没说。

他说，他听说了这件事，错都在那个厂长，他并不怪赵丽，并对赵丽说，他会对赵丽比以前更好，让赵丽再次感受到爱情的力量。赵丽感动的哭了。他的男朋友找到赵丽的娘，表示了毕业后一定娶赵丽的决心，说，赵丽小，应该原凉她。赵丽的娘见未来的女胥这么通情达理，着实地从心里感激他。赵丽又回家住了。

他回到了学校，成为学生揩模，并不因为女朋友的失足而怀恨在心，也并不为此而抛弃女朋友，当时，净出些陈世美。他的事迹不仅上了山大的校报，也上了省党报大众日报，他入了党，进了校学生会。他每周给赵丽写一封信，鼓励赵丽要从阴景中走出来，用微笑，面对生活。

赵丽，真是觉得对不起她男朋友，倒不是听她男朋友的话，用微笑面对生活，本来，天生的，她就会笑。车间里的人没事，就来关心赵丽，夸她命好，遇到了好人。

第二年，他男朋友要分配了，青岛人，就觉得天下青岛最好，一般不出青岛，哪里也不去，大学毕业，一定要回青岛，走出去的，大都是鲁南，鲁西南的居多，沿海的，以烟台的居多，青岛的很少，因为，青岛人恋家。

他的男朋友跟学校说，他要回青岛，要跟受到伤害的赵丽结婚，考虑到赵丽在当地影响，以及，以后生活，就不回胶县，到青岛，把赵丽调出那个环境，对谁都有好处。学校当同意，本来，他就青岛生源。就这样，他顺利地分到了青岛。赵丽很高兴，赵丽的娘也很高兴，车间的同事，都说，赵丽，你可要珍惜，他对你真是好，现在，到哪里找这个的好人。

周末，赵丽去了青岛。

第二天就回来了，顶着个两个黑黑国宝眼儿。周一，赵丽还是去上班了。车间里的同事，不用问，都知道是怎么回事了。赵丽还是安安静静地干活，啥话也不说，有人没事问道起来，赵丽就笑笑，说，没有事。

是没有什么事，只是他的那个男朋友见了赵丽，一句话还没说，就迎上来，给了赵丽一个拳头，说，还没结婚呢，你就敢给我带绿帽子，为了分配，我忍了一年多，这一年多，我遭了多少罪阿！你倒是还有脸来找我，这辈子，我都不想见你，认识你，算是我倒槽，说着，又是一拳头，赵丽被打晕了，她反映不过来，也还没来得及哭，她的男朋友就把她打在床上，把门关上，说，就是别人剩下的，我也要玩玩，要不，白白带绿帽子，还不知道你是多么地喜欢人。赵丽也没反抗，等他男朋友玩够了，玩累了，骂完了，让她滚，赵丽就从他刚分的宿舍里走了，她走得还是那么慢条丝理，摸摸被打的脸，感觉一下被打的后背，哪里都疼，赵丽到了汽车站，买了张票回了胶县，她不敢先回家，就到了刘淑英家里。刘淑英说，当时，她就觉得赵丽的男朋友不是个好东西，她就不信，胶县的男人有那么好，刘叔英说，要是没有你这个样子，他能到青岛？顶多，回到胶县，就不错了。赵丽躺在床上，听着淑英叨叨。

赵丽在厂里算是臭透了苹果，走到哪里，都有人指指点点，好在，谁也不跟她说话，好像赵丽是个瘟神，赵丽倒也清净。

车间里有个二流子，叫钱强，平常里，谁肯理他，都快三十了，还没有个对象。

有一天，在车间，他凑到赵丽身边说，赵丽，你刚来时，对你，俺连想都不敢想，哪里轮得上俺，这回，你看，你都这个样子，我就敢想了，你跟我结婚吧，要不，也没有人会要你。赵丽笑笑，也没吱声，钱强说，你，这就是答应了。赵丽还是笑。

钱强说得对，胶县成很小，西关有人放个屁，东关的人不仅会知道这屁是本地人放的还是外地人放的，锻压厂是胶县的县中国，它吸纳了全县劳动人口的三分之二多，所以，厂里的人，就是全县的人，赵丽，如一夜窜红的明星，人人皆知，她是嫁不到个好人家了，钱强若不娶她，她确实是不好嫁。

过了没有一个月，赵丽就钱强结了婚。

赵丽结了婚，别人也就不再说什么了，只是钱强成天游手好闲，偷偷摸摸，好吃懒做，家里家外，都是赵丽一个在做，而且还不能有一点怨言，如果赵丽一说话，钱强轻则痛骂，重则出手，赵丽也就不说什么了，由于赵丽自己觉得前科太重，成天活在将功补过里，没有办法，谁也不敢，谁也不能去给赵丽出头。

赵丽生了个小女孩，第二年，钱强因偷摩托车犯事，被抓，正好赶上严打，被判了十年。赵丽一个人带着孩子，她的婆婆还打门来，说，知道钱强偷车，为什么不劝，就是因为家里有你这么烂女人，钱强才走到邪路上去，并把家里的唯一值钱的缝纫机给抬走了。

在这十年里，赵丽一个人，带着孩子，一直在车间干活，看着一茬一茬的人来了，走了，来了，走了，只有她，还在这个车间干活。

慢慢地，赵丽变得胖了，肉也松了，只是，她那笑容依然挂在脸上，有时，一些老同事，就是那些跟赵丽差不多，一直呆在车间的老同事，看见赵丽坐那里，没事，就过来，闲聊几句低级下流的话，顺手摸一摸赵丽，占点便宜，赵丽头也不抬，仍然，笑笑。

赵丽的故事（校正版）

赵丽，总是安安静静的。虽然长得高高的，走起路来，却没有一点风。再急的事，也没见她跑过。大家说说笑笑时，她就在一旁抿着嘴笑。从来没见过她跟谁发过脾气，吵过架。

赵丽个子大，坐在后边。

教室有前门，有后门，她挨着后门。那些调皮捣蛋的学生来晚了，从不走前门，都从后门溜进去。

赵丽呢，一般也不把后门关上，留着。来晚了的，躬着腰，缩着头，蹑手蹑脚地往里溜。女同学呢，就轻轻拍一下她的后背，挤挤眼，算是对她的感谢。男生呢，不知道怎么感谢她，就欺负别的女生给赵丽看。好像是告诉赵丽，看，我们男生没有欺负你的。

赵丽的人缘极好。有时，天热了，她就把椅子从教室里拖出来，坐在楼道边上，倚着护栏，看着楼下的同学打闹。课间时，她除了上厕所，一般不下楼。不管什么时候，她都笑眯眯的。

高中毕业，赵丽没考上大学，就被招工来到锻压机械厂上班了。那一年，她十八岁。

上高中时，赵丽谈了一个男朋友，比她高一届。后来，她这个男朋友考上了山东大学。山东大学在山东招生多，分数也相对低一点。赵丽呢，就在锻压车间里干活。

在车间里做工，是很累的。同时被招来的还有几个同学。锻压厂，在当时，是全县最大的一个国有企业了。能到那里当工人，在一九八三年，已经是很不错的了。

一年多以后，同来的一些人，差不多都调到轻松的工作岗位上去了，只有赵丽，还在车间里做工。她的同学之一，已经去当会计了。她们没事在一起聊天。同学问她，知不知道厂子里要招一个统计？

赵丽说，不知道。

同学说，你也不常问问，打听打听。你老这个样子，动也不动，谁还会主动来找你呀！

赵丽问，那我找谁？

同学说，说你，笨死了。那么还能找谁，找厂长，找管你车间的厂长！

在一个春风沉醉的晚上，赵丽找到了管她们车间的副厂长的家。敲开了门，厂长在家。

锻压厂是青岛的，厂子设在胶县。工人从胶县招，上层领导由青岛配。所以，大领导们天然有两个家，一个在胶县，一个在青岛。厂长的老婆在青岛。

赵丽站在门口，笑嘻嘻的，不知道说什么好。

厂长说，请进，请进。这不是锻造车间的小赵么，厂子里的大美人，怎么现在才来找我呀。

赵丽说，我不知道调工作还要自己找厂长。我们主任说了，只要好好工作，领导会想着的。

厂长说，快进来，有话进来说。

赵丽就扎煞着两只手，跟着厂长进去了，差点被门槛绊着。厂长扶了她一下。进了屋，她不知道把手放在什么地方好。

厂长把门关了，让赵丽坐下，给赵丽倒了一杯热水。赵丽说，不渴，刚喝完了才来的。厂长说，那就等渴了再喝。

赵丽说，厂长，听说，厂里要调个统计。你看，我们一起来的，都不在车间干了，只有我，还在车间里。她们说，这个活，适合我干。

厂长说，我也愿意让你干，想着你能来找我。这不，你就来了。要是说起来，你们这些高中生，来这个厂子，已经是屈才了，更何况在车间里。确实，那时，高中毕业的，大都进了银行、工商、税务、交通、邮政等部门。这样，直接进工厂的少，就是进了工厂，坐办公室的居多，直接在车间里的也少。因为，赵丽的爸妈都在炭黑厂当工人，管不了赵丽的事。

赵丽的脸很红很红。说，是来晚了。要不是同学提醒，自己也不知道要来找厂长呢。

厂长说，不晚，不晚，这个位置就是给你留着呢。厂长边说，边朝里边的卧室看。赵丽也跟着探着头往里边看。里边只有一张大床，没有什么人呀。赵丽一脸的疑惑。厂长还是往床上看，然后看着赵丽。赵丽的脸慢慢地变了色，眼睛看着那杯水。那水已经不热了。

赵丽看了看门，门关着。厂长看着赵丽笑，赵丽看着厂长笑。厂长说，你的事，我知道了。你先回去吧。想想。想好了，再来找我。看，天这么热，还穿着裤子。这么漂亮的姑娘，应该穿裙子。

赵丽站起来，往门口走。厂长拍了拍赵丽的肩膀。赵丽的个头跟厂长差不多一般高了。厂长给赵丽打开门，面对着赵丽的脸，很近。赵丽能够觉得厂长呼出的热气，吹进她的鼻子里。

赵丽低着头，说，那，就谢谢厂长了。

厂长说，别客气，没事来玩。反正我一个人，也没事。

赵丽从厂长的屋子出来，走下楼，回头又看了看厂长住的这个楼。

过了快一个月了，赵丽还没有当上统计。

这期间，厂长来过车间几次，特意到赵丽这里走了走，问候了几句。

赵丽觉得了同事们的挤眉弄眼。因为，从厂长家出来的第二天，就有人跑过来问赵丽，昨天晚上干什么去了。

赵丽说，在家待着。

同事说，在家待着？怎么有人见你从厂长家出来？

赵丽说，就在厂长家待了一小会儿，然后就回家待着了。

一小会儿？一小会儿，可以干大事呀。

大事，都是一小会儿里干的呀！

赵丽说，真的是一小会儿，真的是一小会儿。

同事说，没人说你不是一小会儿呀。

一小会儿，赵丽就变成了一个祥林嫂。

一小会儿，这个同事来问。赵丽说，只是一小会儿。

一小会儿，那个同事来问。赵丽说，只是一小会儿。

同学也来问。赵丽说，真的只是一小会儿。

赵丽都快哭了。赵丽就是急得要哭，也还是不慌不忙的。同学就说她，看看你，都办了些什么事嘛，没吃着羊肉，倒惹了一身骚。

厂长的老婆来了。一到车间里就问，谁是赵丽？赵丽就过去，说，我是赵丽。

赵丽的脸上就被狠狠地打了一个耳光。车间那么嘈杂的声音，都没有遮住这个记响亮的耳光发出的清脆之音。

赵丽真的哭了。她捂着脸，她不会吵，也不会闹，也不会跑，站在那里发愣。

厂长的老婆是青岛人，却用变了腔的普通话大骂赵丽。胶县人管用这种不伦不类的腔调说话叫“撇腔”。厂长的老婆撇着腔骂赵丽，不外是什么狐狸精之类的。前边再加上个定语:是九尾的。也就是说，厂长的老婆认为赵丽是个长着九条尾巴的狐狸精。

胶县这个地方，古代属齐国。齐国出的是姜太公。姜太公不仅会用直钩钓鱼，而且还最会治狐狸精。所以，这个地方的男男女女、老老少少都会把狐狸精这个词挂在嘴上。

厂长的老婆见赵丽打不还手，骂不还口。治起来也没多大意思。臭了她半天，赵丽就会站在那里哭。厂长就老婆又踢了她两脚，跑着找厂长算账去了。

厂长老婆这么一闹，全厂的人都知道这件事了。厂长的老婆找到了大厂长。说，要么让她男人回青岛，要么开除赵丽。

大厂长说，这事，他说了也不算，看看上边怎么说吧。

厂长的老婆就回青岛去了。走时，留下话说，如果不让厂长回去，大家都会有好果子吃！

赵丽被臭了，真是在全厂都臭了。没人理她，因为她是个狐狸精。

赵丽还是那个样子。没事，就是不笑，脸上也总像是在笑。因为，赵丽长了个笑眼，两个眼梢微微上翘，让你觉得她总是在笑。

夏蝉高鸣，细柳委地，夕阳西下。

赵丽一个人走在路上。

厂长迎面走来，顺手塞给她一张叠好的纸条。赵丽没敢抬头，两个人擦肩而过。

回到家里，赵丽躲在自己的屋子里，偷偷地把纸条打开。上面写着，让赵丽明天晚上九点半，到他家里去。

赵丽的心也没跳，脸也没红，手足也没发凉。她没做任何的思想斗争，也没往太多的地方想，就上床睡了。

自从被打以后，赵丽对所有的事，都发晕。想不通，也想不明白。也不知道怎么想，也不知道以后怎么办。反正，她就会睡觉。

她就睡觉了。

她妈也不怎么管她。因为，赵丽从小懂事，从来不招灾惹祸，惹是生非。

第二天，赵丽穿了条裙子，上班了。

自从上班，赵丽就没穿过裙子。在车间里干活，穿裙子，不方便。同事们都过来看，说，赵丽的裙子真漂亮。

小嫚儿，穿裙子才好看，才像个小嫚儿。听着，赵丽就笑眯眯的。

下班，赵丽就回家了。吃了晚饭，快到九点，赵丽说，她要出去一下，她妈也没问到哪里去，干什么去。赵丽就踏着夜色，来到了厂长家。

上楼，到厂长家门前，门开着一条细缝，赵丽就推门进去了。

厂长给赵丽倒了一杯水。

赵丽说，在家喝过了。

厂长说，没事，渴了再喝。

厂长说，真是对不起赵丽，真的没有什么。不知道他老婆是怎么知道的。没想到，他老婆会这样无理，让赵丽受了委屈。

赵丽坐在那里，两只手搓着裙子角。裙子是藕荷色碎花百褶裙。是赵丽和她男朋友上青岛时，男朋友给买的。赵丽只穿过一次。

厂长说，你这条裙子挺漂亮的。特别是你穿起来，更好看。这藕荷色，不是什么人都配穿的。长得不白，穿了，反而显得糙。长得太矮，穿起来，往下坠，显得更矮。太活分的嫚儿穿了，压不住。只有你穿，才有亭亭玉立的感觉。就像夜晚的荷花。

厂长问，你知道为啥夜色里的荷花招人爱？

赵丽说，不知道。

厂长说，一般的花，夜里都闭了。只有荷花，越是安静，越开。越开，越安静，动静相宜。那是美，不是漂亮。

赵丽没吱声。厂长说，看，这事，闹得全厂的人都知道了，你的事就不好办了。而且，我呢，也是泥菩萨过河。让你受委屈，我心里也不好受。我老婆，就是成心。也不知道是谁这么缺德。这大老远，她怎么知道的呢?

赵丽不吱声，端起那杯水，已经凉了。

厂长说，既然大家都这么说，没有，还不如有了。就是说，不也值了？赵丽没有吱声。厂长又伸头往里边看，看了又看，赵丽没吱声。

厂长就把赵丽的手从裙子上拿开，摸了摸裙子，说，真的挺好看。然后把裙子一角掀开，赵丽白白的大腿就露了出来。厂长说，看，只有这个才配你这个白。厂长的手摸了一下赵丽的白腿。

赵丽没有动，她仍然在那里坐着。嘴角微微向上，像笑一样。

厂长拉起赵丽，紧紧地抱住了她。赵丽也没有反抗。厂长拉着赵丽到了卧室，拉过一个枕头，让赵丽躺下，赵丽就躺下了。

这一夜，赵丽没有回家。

第二天早上，厂长带着赵丽下了楼，一起上班去了。路上遇见厂里的人，赵丽还是笑眯眯的。反倒是那些人不知说什么是好。

赵丽！

一声狮子一般的怒吼，盖过了机器的轰鸣。

还没等赵丽反应过来，她妈已跳到她的面前，扬手给了赵丽一个大耳光，一点也不比厂长老婆的手轻。赵丽觉得她妈打得比厂长老婆打得还狠，她捂着脸，没有哭。

赵丽的妈指着赵丽的鼻子骂了起来。你这个不要脸的骚狐狸，从今天起，你就不要回家，你没有俺这个娘！

赵丽哭了。

她娘说，你再哭，也洗不干净你那张臭脸！

下班了，赵丽没有地方可去。厂长说，都是我引起的，就住我家里去吧。我跟你结婚。

赵丽就跟厂长去了厂长家。

厂长的老婆来了。同时还带来了一纸调令。厂长回青岛总厂上班，还是副厂长。

厂长的老婆这次没有打赵丽。只是说，你这个小嫚儿长得挺利整的，怎么就不学好？罕（罕，发一声，胶县妇女表示强烈不满兼质问的语气词）——我还得感谢你，要不是你，他怎么能回青岛，罕——，我了解，我知道你也有个男朋友。你想想，你怎么能对得起他，罕——。

赵丽穿着她那条已经起了很多横褶的裙子下了楼。她知道，楼里有很多只眼睛看着她。她想快点离开这里。

可是，她不会跑。她从来都是一步一步地走，除了体育课要跑步，除了运动会要跑以外，她从来没跑过。她还是一步一步地走出了楼里人们的视线。

当厂子里的人实在没有新闻可谈时，就会把赵丽从海底捞出来。说：真想不到，啊，赵丽脸皮真是厚，不用管是谁，都会害臊，赵丽？那天，在那样一种的情况下，还那么镇定，没事人一样，真是没见过。

赵丽找到刘淑英。说，俺娘不准俺回去了，先在你家住几天。刘淑英说，你就是个彪子，谁像你那样。谁让你去找的厂长？赵丽说，柳芳说的。说俺厂要个统计，要我去找厂长说说。我说了你也不信。第一次，真的就在厂长家里待了一小会儿。不知是谁，真是缺德。我也不知道，怎么厂长的老婆就知道了。

刘淑英说，算了，不用说了。第二次呢？谁让你住到他家里的？

赵丽说，没有办法。俺娘来打俺，道是不让俺回去么。我原本想来找你，正好碰到厂长。他说，不用怕，就住到他家去，他要和我结婚。

淑英说，现在，他又不跟你结了？

赵丽说，他老婆来了。这次没有打我，只是把厂长调走了。

淑英说，算了。男人，没有一个好东西。你上了他的当。

赵丽说，俺厂长说，不住在一起，人家也说在一起了。还不如就在一起，看他们还能再说些什么。

淑英说，说些什么，那你就不管你男朋友了。他知道了，会怎么样？

赵丽说，我也不知道能怎么样。大不了，他不要我了，算了，省心。反正，我已经这个样子了。

淑英说，也是。大不了，吹了。就是不吹，他大学毕业，还能回来？这是早晚的事，早结束，更好。

赵丽的男朋友，在山东大学政治教育系，拿的是法学士学位。听说这件事以后，特意从济南回来。

他找到赵丽，赵丽什么话也没说。

他说，他听说了这件事，错都在那个厂长。他并不怪赵丽。并对赵丽说，他会对赵丽比以前更好。让赵丽再次感受到爱情的力量。

赵丽感动得哭了。

他的男朋友找到赵丽的娘，表示了毕业后一定娶赵丽的决心。说，赵丽小，应该原谅她。

赵丽的娘见未来的女婿这么通情达理，着实地从心里感激他。

赵丽又回家住了。

他回到了学校，成为学生道德楷模。并不因为女朋友的失足而怀恨在心，也并不为此而抛弃女朋友。当时，大学里的陈世美比较多，也是社会问题，因为，一些知青们在当地娶了老婆，估计也是违心的，为了生存么。上了大学，自然是不般配了，是可以理解的。像赵丽这样的女子，被抛弃，至少，在礼仪之邦之地，是可以的。他的男朋友却没有这么做。他的事迹不仅上了山大的校报，还上了省大众日报。他入了党，进了校学生会。他每周给赵丽写一封信，鼓励赵丽要从阴影中走出来，用微笑，面对生活。

赵丽，真是觉得对不起她男朋友。倒不是听她男朋友的话。用微笑面对生活，本来，天生的，她就会笑。车间里的人没事，就来关心赵丽。夸她命好，遇到了好人。

第二年，他男朋友要分配了。青岛人，就觉得天下青岛最好。一般不出青岛，哪里也不去。大学毕业，一定要回青岛。

外边工作的山东人，大都是鲁南，鲁西南的居多，沿海的，以烟台的居多，青岛的很少。因为，青岛人恋家。

他的男朋友跟学校说，他要回青岛，要跟受到伤害的赵丽结婚。考虑到赵丽在当地影响，以及，以后生活，就不回胶县，到青岛。把赵丽调出那个环境，对谁都有好处。

学校当然同意，本来，他就青岛生源。就这样，他顺利地分到了青岛。

赵丽很高兴，赵丽的娘也很高兴。车间的同事，都说，赵丽，你可要珍惜，他对你真是好，现在，到哪里找这个的好人啊。

周末，赵丽去了青岛。

第二天就回来了，顶着个两个黑黑国宝眼儿。周一，赵丽还是去上班了。车间里的同事，不用问，都知道是怎么回事了。

赵丽还是安安静静地干活，啥话也不说。有人没事问道起来。赵丽就笑笑，说，没有事。

是没有什么事。只是她的那个男朋友见了赵丽，一句话还没说，就迎上来，给了赵丽一个拳头，说，还没结婚呢，你就敢给我戴绿帽子。为了分配，我忍了一年多。这一年多，我遭了多少罪啊！你倒是还有脸来找我。这辈子，我都不想见你！认识你，算是我倒槽！倒槽，是胶县的土语，就是倒霉的意思。

说着，又是一拳头，赵丽被打晕了。她反应不过来，也还没来得及哭呢，她男朋友就把她打在床上，把门关上。说，就是别人剩下的，我也要玩玩。要不，白白戴了绿帽子，还不知道你是多么的喜欢人。

赵丽也没反抗。等他男朋友玩够了，玩累了，骂完了，让她滚。赵丽就从他刚分的宿舍里滚了。

她走得还是那么慢条斯理。摸摸被打的脸，感觉一下被打的后背。

哪里都疼。

赵丽到了汽车站，买了张票，回了胶县。

她不敢先回家，就到了刘淑英家里。刘淑英说，当时，她就觉得赵丽的男朋友不是个好东西。她就不信，胶县里的男人有那么好？刘叔英说，要是没有你这个样子，他能到青岛？顶多，回到胶县，就不错了。赵丽躺在床上，听着淑英叨叨。

赵丽在厂里像是个臭透了的苹果，走到哪里，都有人指指点点。好在，谁也不跟她说话，好像赵丽是个瘟神。赵丽倒觉得清净。

车间里有个二流子，叫钱强。平常里，谁肯理他，都快三十了，还没有个对象。

有一天，在车间，他凑到赵丽身边说，赵丽，你刚来时，对你，俺连想都不敢想，哪里轮得上俺。这回，你看，你都这个样子，我就敢想了，你跟我结婚吧。要不，也没有人会要你。

钱强说得对。胶县城很小，西关有人放个屁，东关的人不仅会知道这屁是本地人放的还是外地人放的，而且还能分析出这屁有几股味道，穿着哪造的裤衩里放出来的。

锻压厂又是胶县的县中国，它吸纳了全县劳动人口的三分之二多。所以，厂里的人，可以说，就是全县的人。赵丽，如一夜蹿红的明星，人人皆知。她是嫁不到个好人家了。钱强若不娶她，她确实是不好嫁。

赵丽笑笑，没吱声。钱强说，你，这就是答应了。赵丽还是笑笑。

过了没有一个月，赵丽就跟钱强结婚了。

赵丽结了婚，别人也就不再说什么了。只是钱强成天游手好闲，偷偷摸摸，好吃懒做，家里家外，都是赵丽一个人在做。而且还不能有一点怨言。如果赵丽一吱声，钱强轻则痛骂，重则出手，赵丽也就不说什么了。由于赵丽觉得自己前科太重，成天活在将功补过里。没有办法，谁也不敢，谁也不能去给赵丽出头。

实在没办法了，她就到刘淑英那里哭一通。刘淑英也只能是安慰安慰，日子还得赵丽自己过。

赵丽生了个小女孩。第二年，钱强因偷摩托车犯事，被抓，正好赶上严打，被判了十年。

赵丽一个人带着孩子。她婆婆还经常打上门来。说，知道钱强偷车，为什么不劝？就是因为家里有你这么狐狸精，钱强才走到邪路上去的。并把家里唯一值钱的缝纫机给抬走了。

在这十年里，赵丽一个人，带着孩子，一直在车间干活。看着一茬一茬的人，来了，走了。

来了，走了。

只有她，还在这个车间干活。

慢慢地，赵丽变得胖了，肉也松了。只是，她那笑容依然挂在脸上。有时，一些老同事，就是那些跟赵丽差不多，一直待在车间的老同事，看见赵丽坐那里，没事，就过来，闲聊几句低级下流的话，顺手摸一摸赵丽，占点便宜。

赵丽头也不抬，仍然，笑笑。

玖　小说欣赏

作为一名编辑，不需要多么的专，却需要杂。杂是什么呢？我想，就是知识面要广。只有这样，才能了解和把握住抓住各学科的特点和现状，才能预测什么样的书能够有市场，才能满足读者的要求，才能够做好工作，当好编辑。这是老编辑们经常想讲的，也是努力去做的。

但是，我觉得，编辑还应该经常写点东西。就像老师写下水作文一样。虽然说写得未必是精品。但是，可以和写作的人对话。也就是说能够有共同语言，拉近距离。同时，也能体会到写作的甘苦，更加尊重他人的创造性劳动，更好地同作者进行沟通和交流。

其实，阅读是快乐的事，写作也是快乐的事情。不论是枯燥灰色的理论，还是街谈巷议的趣闻，只要带着一颗快乐的心去阅读，文字就会给你快乐！看完乏味的“说教”之后，能使你快乐地阅读一下的，那就应该是小说。

鲁迅先生那一代人，提倡过“故事新编”。并且他自己身体力行地写过几篇，至今难忘。比如乌鸦越来越瘦了，做一盘炸酱面都不够了等语，流布甚广。学着先人们的样子，也写两篇故事新编，附在这里，以解阅读“受训”以后的枯燥。

同时，自己也甚得意地想，这也是俺的一个创新。

【故事新编】

精卫填海

又北二百里，曰发鸠之山，其上多柘木，有鸟焉，其状如乌，文首，白喙，赤足，名曰“精卫”，其鸣自詨。是炎帝之少女，名曰女娃。女娃游于东海，溺而不返，故为精卫，常衔西山之木石，以堙于东海。漳水出焉，东流注于河。

——《山海经·北山经》

夜色深沉昏暗。

我衔着带着长刺，已干枯的一小段柘木，穿过这漫漫长夜，朝着东方飞去。

从发鸠之山飞到东海，三千里路，我要飞一天一夜。

墨色的海水把白浪抛在岸边的礁石上，发出恐吓的巨声，海风狂吹，以阻止我向大海深处进发。

这有用么？当然没用！

它们明明知道没用，却日复一日地这么做着！是等着我的随时到来么？我真的能填平大海么？当然不能，我知道不能，却还要往返于西山与东海之间！

我顶着海风，飞到东海之上，听潮水相击。

我在海面上绕了又绕，绕了又绕，用尽力气将口中的柘枝投入大海。我要让它沉下去，再沉下去，直达海底。

我声嘶力竭——呼喊着：

“精卫——！精卫——！精卫——！”

“精卫——！精卫——！精卫——！”

“精卫——！精卫——！精卫——！”

我在海面上飞了又飞，将这一天一夜的思念，化做声声呼唤。我知道，精卫是能够听到我的呼唤。

“精卫——！精卫——！精卫——！”

我叫着，我飞着；我飞着，我叫着，我不能停下来。我这凄凉的叫声，回荡在东海之上，海鸟们听到我的叫声，也开始纷纷出来觅食了，天要亮了，我也要回去了。

我一路悲鸣，呼着精卫的名字。

我只有鸣叫。我有眼睛，却已不会流泪。只有将满腔的悲愤化作一声声的鸣叫。我要让我的叫声，让大海发抖；我要让我的叫声，让黄帝心惊。我要让黄帝知道，精卫、女娃他是杀不死的，总有一天，我会把大海填平！

我又飞了一天一夜，回到了我与精卫共同生活的发鸠之山。深秋的风，飒飒作响，萧萧的木叶，随风舞动。几片落在漳水之上，顺水而去，再也不会回到这里了。

我饮了几口漳河之水，梳洗一下我漂亮的羽毛，栖在这棵尚有几片黄叶的老柘树的枯枝上。

秋天又到了。满山的柘树，又开始变得光秃秃的了。明年春天，它又开始抽枝发芽了。春秋代序，循环往复。几千年了，许许多多的事情都如过眼烟云，了无痕迹。能够使人记住的东西太少太少。记住的，又流传下去的，又是那么的残缺不全。丰富而苦难生活，到最后，可能就只剩下那么干干巴巴的几句话。甚至是几个字。这几个字，就足以记下我几千年不屈的灵魂了。我闭上疲惫的双眼，休息，我要保持体力。天明，我还要上路。

这次，我要用什么来填大海呢？我要带点什么送给精卫呢？柘树下的石头好像已经风化了，衔一块西山的石头吧。精卫看见这石头，一定会喜欢，上面有我们的旧精灵啊。

“准备好了吗？娃娃？”

“准备好了，精卫。”

“可以开始吗？”

“可以了。”

精卫左手扶在琴徽之上，右手轻轮五弦。朱弦疏越，清音泠泠，环绕西山，融于云朵。当它化作清风拂过柘枝时，我头戴柘枝做成的高耸宽大的花冠，冠隙间尽情地插着对对羽毛。

精卫说，我的头一定要装饰得最漂亮，花冠要做得最漂亮。他采来着花最多的柘枝为我做头冠。后来，人们根据这种形状做成了质地不同的冠，称为“彻天冠”。真的是形象。

精卫给我做的这个花冠太枝繁叶茂了，戴在头上，挺沉的。精卫怕我跳舞时，用力过度，柘枝会伤着我的头皮，或者刮着我的青丝，他特意用蚕丝给我做了一个内层小帽。这样，我可以把我长长的头发挽起，然后用丝帽固定住。又安全，又舒服。蚕丝帽散发着精卫特有的体味，从我的头顶泄下，流进我的心里，让我心跳，血涌。我真的急切地想见到他呀，尽管，他刚刚给我装扮完。即使他在我的身边，我还是想念他，这就是人们说的咫尺天涯吧。

伴着他的琴声，我头戴通天花冠，身穿荷叶罗裙，手持葛蔓，袅袅娜娜地从柘树后舞出。真的就像神——来到人间一样。此时，此刻，我就是神啊。

我边舞边唱。一唱而后，部族里的女人，也都打扮得跟我一样，像精灵一样，一个一个或从树丛中舞出来，或者从鲜花丛中走出来，和着我歌声，一起颂扬给我们部族带来幸福的神。

每年的春天，我们的部族都要迎神，酬神，感谢神带给我们的幸福、祥和安宁的生活。尽管，我们的生活好像从来就没安宁过。不过，这不影响我们的迎神活动。

南风之熏兮，可以解吾民之愠兮，

南风之时兮，可以阜吾民之财兮。

南风之熏兮，可以繁吾民之众兮，

南风之时兮，可以延吾民之寿兮。

南风之熏兮，可以蕃吾民之稷兮，

南风之时兮，可以舒吾民之身兮。

就这样，一唱而三叹。再唱而再叹。我婉转，肃穆，庄重，虔诚的歌声和着精卫的清越高扬的琴声在西山的上空流动。山上众女唱和，山下鼓乐齐鸣，真是鸟闻而飞，兽闻而走，鱼闻之不入，人卒闻之相还而观。

小伙们也过节一样，把自己装扮成自己喜欢的动物。有的把自己打扮成一头牛，有的扮成一只老虎，有的扮一只成豹，尽我们所见的动物，想装成什么，就装成什么，这就是百兽率舞了。他们也和着我们的歌声，跳呀，舞呀。我们向神叙述祖先之功德，向神敬献我们亲手打来的猎物，向神诉说我们心中的苦懑与期望。一年中的这一天，就是我们部族的狂欢节。

你可尽情、尽兴地狂欢，就像回到神的怀抱。这是我们炎氏部族一代又一代的传承。最后，当我们怀着哀伤而激动的心情将神送回天上，她是我们部族的媒人啊。女神也不愿离开呀。这么多的鲜花、美酒，那么忠诚的年轻人；这么美妙动听的歌声，那么漂亮的舞蹈，真是让神留恋。不过，终是人神有别。从相见始，便知要离别。那就是哀而不伤吧。随着歌声的渐行渐远，女神也随风而去，西山一片寂静。

送走女神，我们摘下我们的花冠，狂奔到心爱之人的身边。精卫早已收好琴，在等着我的到来。我把花冠送到他的怀里。我们相拥着，走向这棵枝叶繁茂的柘树。树下就是这块已经风化的石头。这石头，当年可是像玉一样温润光滑，承载过多少次两个热热的身体呀。那是肉与肉的融合，是心与心的融合！那些英武的“百兽”，接受的不仅是女人的鲜花，还有那些女人。散发着鲜花芳香的草地是我们的床，柘枝扎成花冠是我们的覆身之被，春天里的发鸠之山，就是我们部族男女欢乐之地。

我和精卫，当然是这群青春少年享神乐神的领袖。

舞，我跳得最好。

琴，他弹得最响。

唱，我的声音最妙。

和，他的嗓音最雄浑。

性伙伴，我俩最固定。

因为，我俩的性也是最和谐的。如果性不和谐，第二年春天的迎神活动之后，我们头上的花冠就要别投他人。这一年一度的迎神会，也是我们部族姑娘小伙选择佳偶的季节。

我和精卫从小在一起长大，跟着我们的部落迁移呀，迁移，从东迁到西，从西迁到南，从南迁到北。我们的父兄姐妹，在迁移中死的死，亡的亡。对于这些死去的亲人们，父亲要亲自为他们招魂，希望他们的魂能够回来。我们就是在招魂曲和娱神曲中长大。

精卫继承了先人的琴技，我呢，不用说，能歌善舞。

最后一次迁移，是我们的部落与黄帝的部落联合了。但是，联合后的我们的部族成员，绝大部分得迁移到黄帝指定给我们的生活地去。还要留下一部分。我和精卫还算幸运，一起跟着主力迁往北方。也就是这个发鸠之山。

我的姐姐，瑶姬，按规定——提起她，我就伤心，从小，我就是跟她长大的呀。长姊比母，我从牙牙学语，到能够唱歌跳舞，都是瑶姬姐姐一手教导的。她长得真是好看，整个部落里再也找不出第二个了。我成天跟着她，像她的一个小尾巴，因为，她是我的姐姐，我真是感到骄傲呀。跟着她，走到哪里，我都会把头抬得高高的，好像姐姐的漂亮脸蛋都长在了我的脸上似的。

本来，她也是要和部落一起走的，我是真高兴呀。

可她却死活不肯走。因为，她的心上人必须留在当地，与新迁移来的黄帝部族的成员生活在一起。好像是黄帝的一个女儿看上了他，他就必须得留下了。我记得，她哭呀哭，没有人能够帮她。

尽管她是炎帝的女儿。没有办法，黄帝说了算。

在北去的路上，途经巫山，她跳了崖。

站在崖前，我放声悲哭。为她招魂。那时，我真想随姐姐而去。真的想。可是，看到垂垂老矣的父亲，白发苍苍的母亲，我怎么忍心！

这时，在她跳崖的这片天底下，飘来一阵小雨。小雨过去，又飘来几朵浮云，罩在我们的头上，久久不肯散去。

那就是瑶姬的灵魂了。

我是这么想的，可能大家都是这么想的。口耳相传，那至今不肯散去的巫山云雨就是我姐姐瑶姬魂魄所化。姐姐跳崖的地方被后人称为瑶台。

愿姐姐的灵魂能够随着朝云与我们前行。

愿姐姐的灵魂能够伴着暮雨回到故乡看看。

要离开了，我最后又看一眼姐姐瑶姬跳崖的地方。发现，那里竟长出了一种小草。这种小草嫩嫩的，叶子对生，开着橘黄色的小花，散着淡淡的香味，这是一种什么草？在部族里，我算是见多识广的人了。因为，我生性淘气，从小就像个男孩子，跟着父亲跑过许多山，采过许多草药，见过多种草。但是，从来也没有见过这种草。我找来了父亲，他也没见过这种草。父亲含着泪，说：就叫她瑶草吧，那是你姐姐不死的屈魂哟！

我挖了一些，希望她能够和我们一起，生活在发鸠之山上。希望终归是希望。还没出一天的时间，瑶草就枯黄萎去。我捧着瑶草，和精卫一起，找到一条小河。河里长着绿绿的小草，随着水波摇摆。两岸高山青青，白云朵朵，倒影在清清清河水里。姐姐生前就喜欢这样地坐在这样的河边，就把姐姐埋在这里吧。姐姐喜欢干净，姐姐喜欢清静。于是，我和精卫就把瑶草埋在了这里。

姐姐不愿跟我们走，要回去，就让她清清爽爽、安安静静地回去吧。为了记住姐姐瑶姬所埋之地，我和精卫把这个地方叫“秭归”。

一路上，我想念我的姐姐，总是不能开心。精卫总是背着姐姐送他的琴，一刻也不离开。

这琴是姐姐到九嶷山上，寻找她认为是最好的桐木，并请吴刚帮她伐回。又亲自去找能够与这块桐木相配的梓木，至少折腾了两年，这张琴才做好。姐姐特别喜欢这张琴，任是谁也是不能随便动的。部落里把姐姐的琴称作“瑶琴”。

精卫和我一样，从小跟在姐姐后边。姐姐喜欢精卫，就像喜欢我。姐姐教我和着音律跳舞时，精卫就在那里投足拍手，也挺合律的。于是，姐姐便让他弹几下。精卫的食指只抹了一下琴弦，姐姐就说，好。说精卫的手是天生弹琴的手，要学琴。姐姐说，精卫，我就教你弹琴吧，娃娃，你好好学舞，以后你们俩就可以接替父亲的工作了。

就这样，精卫就跟瑶姬姐姐学琴，琴是我的先人发明的，光大于瑶姬。

明月初生，如果姐姐有兴致，就会把我和精卫叫起来，来到月下，让精卫抚琴，她和着音节，跳上一段自创的迎神舞。因为，在部落里，一切迎神、送神之舞及招魂、春祭、冬祭，这些活动中的主要项目——舞，都是瑶姬姐姐领舞。要娱神，总不能跳一种舞呀。于是，姐姐要经常改进舞的样式，舞的技艺。同时，还要教部落里其他女人的唱和。

姐姐是父亲的得力助手呀！就是父亲，也不想让她留下，何况黄帝不准她留下。

姐姐含泪上车，跟着部落北迁的第二天，便把精卫和我叫来。说以后要多多练习，光靠天生的灵性是不够的。精卫学琴进步快，姐姐就把这琴送给你吧。娃娃，你给姐姐再跳一段我新教你的枝荷舞。精卫，你就用商调与娃娃合律吧。

那天，我舞得最好，精卫弹得也最好。姐姐难得地从内心发出微笑。

行至巫山，姐姐就跟我们永远地永别了。

我恨黄帝，我恨黄帝部落的人。

后来，听说我的大姐姐，也是黄帝给逼死的。这事儿因为是我父亲炎帝亲手纵的火。所以，部落里的人怕父亲伤心，便一直不提此事。二姐姐瑶姬死后，我也长大了，部落里的老人，才悄悄地告诉我大姐姐英姬的事。

黄帝派来人提亲，要娶英姬。英姬姐姐自然不同意。黄帝说，部落联合，连一个女儿都不肯贡献，怎么见得你们的真心呢？

后来，黄帝派来的人如虎似狼地在外等着。这时，英姬姐姐情急之下，爬到一棵桑树之上，不肯下来。父亲急了，以为放火烧树，她就可以下来。没想到，我大姐英姬宁可被烧死，也不肯下来。结果就被烧死了。

部落里的人说，大姐姐英姬的冤魂化作雀鸟飞走了。是他们亲眼所见。

我的两个姐姐就这么死了。我恨黄帝，恨那个成天摆着一脸忠厚老实、童叟无欺样子的黄帝。有一次，他又来到西山巡视，我质问他，为什么要害死我的两个姐姐？

他说，娃娃，你真的错了。

首先，我是多么地喜欢你。从小，你就会扯我的胡子。见到你，你就是吊在我脖子上呀。你不可以用这样一种心思去想一个日理万机而且非常喜欢你的黄帝。

其次，你大姐姐是你父亲炎帝亲手放火烧死的，我只是求婚而已。再说，当时我并没有在现场呀。如果我在，我是不会让你父亲放火的。

第三，娃娃，在我们的部落里，谁都可以喜欢谁，是吧。我喜欢你姐姐，我并没有错呀。她上树也没错。只是你父亲的错，我并没有让他放火烧呀。思想不通，可以做解释工作呀。你父亲和我的工作，不就是做人的思想工作么？

第四，对于瑶姬的死，我深表同情。我喜欢瑶姬，我相信，见过她的人都不会忘记她的。让她跟着你们一起走，不让你们一家骨肉分离，我哪一点错了呢？难道你愿意你们都走，把你姐姐一个人留下来么？再说，英姬已死，我若让瑶姬留下，部落里的人会说我黄帝不讲人情，让炎帝一家再次骨肉分离。

第五，你想想，若不是我黄帝部族的帮助，还不知道你们的部族是否还存不存在？你父亲的头可能早被蚩尤祭了天呢！你们姐几个，也可能成了蚩尤的人了呢！现在，你爹爹继续当他的炎帝。娃娃，你说，这些对不对？所以，你不能怨恨我。你怎么可以生出这种怨恨之心？太让我伤心了。

让喜欢你的老人伤心，你不觉得对不起自己的良心么？

黄帝的一二三四五把我彻底搞糊涂了。我明明知道他不对，可是，我却说不出来他哪里不对。黄帝看我一脸茫然，便过来，伸出他的柔软的手，抚着我的头，继续说着。

我们两个部落已经联合了，现在是一个共同强大的部落了，要团结一心，共创美好和谐的生活，要珍惜得来不易的大好形势。他说，你看，还有多少部族的人吃不饱，还有多少部族的人对我们虎视眈眈，还有多少部族的人要插手我们的内部事务，意图搞垮我们的联盟，他们造谣生事，唯恐天下不乱。你呢，现在也是部族的领导成员之一了，应该做好团结、稳定工作。首先自己就不要有情绪，不能端着自己的碗，再砸自己的锅，部族分裂，会对谁有好处呢？

一切都过去了，过去了，咱们是一家人，要团结一致向前看，努力工作，为部族的发展做出应有的贡献。

我的眼泪流了出来。

黄帝拍着我的背说，娃娃，不要哭。知错就改，是个好孩子。于是，黄帝带着他云一样的随从，尘土一样地走了。他又到下一个地方巡视去了。看着他们的卷起的浮尘，我发呆。

我和精卫也没有时间去想黄帝的事了。因为，我们有太多的事要做。父亲已经老了。上山采药，发现、培育新品种的工作，主要是我和精卫在做了。空余时间，还要教部族的青年男女弹琴、舞蹈。这可是大事。如果神不能得到娱愉，她就不会降福给我们。所以，这才是第一等的大事。

到了发鸠之山，我们发现，这里的柘树很多，与家乡的桑树很像。于是，我和精卫就尝试着用柘叶养蚕。没想到，吃了柘叶的蚕吐的丝不仅细，而且韧性也好，只是有点发黄。精卫跟我开玩笑说，因为，这是黄帝的树呀，所以，就要是黄色了。如果是白的，黄帝还不来把咱俩吃了。

我就笑。无论精卫说什么，我都会笑。看着他傻笑。我真的喜欢精卫。爱他，跟他在一起，无论做什么，我都做得好。只是我不太会表达，只会脸红。他一跟我讲话，我就会两眼潮湿，甚至冬天，也要出汗。我有一肚子的爱意，一肚子的情语，可是，面对精卫，我却一句也讲不出。

每年春天的迎神会，精卫都会精心地给我做花冠。我会把花冠投给他，这样，我们就可以保持一年这种关系。如果这一年，两个人关系不好了，第二年就可以换掉了。我怕精卫不喜欢我。精卫总说，你这个傻瓜。只是没有事时，回忆起姐姐瑶姬，我俩就会哭一阵子。

跟着父亲，我不仅认得许多草，而且还知道一些草的药性。因为，父亲都亲自尝过的。有毒的，没毒的，我差不多都知道。现在，有时发现新的草，我和精卫便会抢着先尝。精卫说他身体好，能够抗住毒性。从此以后，我也就不跟他争了。

每天，从早到晚，我们劳动在西山之中。

采药，打猎，养蚕。

虽说我是炎帝的女儿。别说炎帝的女儿。就是炎帝不也是天天在做事么，可是，帝和帝也是不一样的，黄帝就不用做事。他要做的，就是巡察。拍拍这个肩，握握那个手，嘘寒问暖。最终，要温要暖还得你自己努力。还得纳粮纳酒纳丝纳好多好多东西给黄帝，养活黄帝以及为黄帝服务的替黄帝管理做事的那些人才。

冬天到了，我的手和脚经常要起冻疮，又痒又痛。精卫就把生南瓜切成片，每天早晚给我擦拭，直到我的双脚发红发热，他还在不停地为我擦。我说，都红了，都疼了，他就说，红了好，疼了更好，就不痒了。确实，真的不痒了。每到这时，我就搂着精卫的脖子，亲亲他。亲亲他的脸，亲亲他的嘴，亲亲他的鼻子。精卫就说，好了，好了，要去干活了。于是，我们就去干活了。

每到月圆之时，我的肚子就会疼。头晕，恶心。有时，甚至呕吐。来的月经也不是红的，而是粉色的。每次我都跟受刑一样的难过。精卫为了我这个毛病，把整个发鸠之山都快翻腾遍了，尝试各种草药的药性。终于，他发现了益母草可以治我的这种病，他用益母草再加上生姜，每天给我煮水喝，慢慢的，我的肚子真的就好多了。

又是一年的春天到了。

黄帝要来发鸠之山，观看我们的迎神活动。

我们的娱神舞一定要准备得好一点，不管我对他的意见有多大。

当盛大的迎神活动结束后，我见黄帝的脸色在一瞬间显得特别难看。而且两眼露出不是一般的光。我也浑身一抖，只是那一瞬，那光就没有了。

没有了。黄帝又恢复了他那两眼平视微微观鼻，面含忠厚、嘴角永远向上稍翘，一副爱民如子的样子。虽然，他脸上的肉已经向下低垂了。

他和我父亲炎帝携手入室，吃他们的饭去了。

狂欢后的第二天，父亲找到我。说黄帝要改造我们的迎神节，把它变成整个炎黄部落的法定节日。而且明年还以此大祭泰山，而后东巡至海。让我和精卫主要负责这次的祭祀大典。

这么说，以后，我们部族就不可以自己迎神了？父亲说，是这样。

黄帝的事，规模一定要大。我和精卫在我们部族和黄帝的部族一共选了四千四百四十四个女孩和四千四百四十四个男孩。

八千八百八十八个人组成了一个庞大的祭祀队伍，这个数目，是黄帝亲自定的，他迷信数字。

我和精卫在组织排演时，黄帝亲自来视察了几次。因为这是首次祭祀泰山。无论对黄帝来说，还是对整个部落来说，都是意义重大。看了我们的排演，黄帝提了几点意见：

一、不能太软。柘枝舞、枝荷舞不能充分显示炎黄部族的宏大气派和威震四方的雄气，要改为干戚舞。

二、不要穿红挂绿。情调太低，令人丧失斗志。

三、不能突出个人表演。个人的力量毕竟有限，人多力量大。

四、不能用琴。琴声太弱，只能做装饰用，要用鼓，或者缶。

五、要有一个主题。这也是最重要的问题。主题应当表现团结，要表现有所畏，也就是敬天。而不是你们炎族的娱神，什么娱神，就是娱你们自己！

说到这里，黄帝觉得有点失态。便缓和了一点，说，要移风易俗，任道而道远呀，你们要努力呀。黄帝过来，握了握精卫的手，拍了拍我的肩，娃娃越长越漂亮了，真的像你的姐姐呀！

我的泪流了出来。

我和精卫精心组织、排演。

按照黄帝突出主题的要求，我俩将这个大型祭舞分为八个部分。一曰《载民》，二曰《玄鸟》，三曰《遂草木》，四曰《奋五谷》，五曰《敬天常》，六曰《达帝功》，七曰《依地德》，八曰《总禽兽之极》。

黄帝看了，直说好。激动得老泪纵横，真是突出了他老人家的丰功伟绩呀。为了使这场大型祭祀能够成功演出，他专门派十万壮士，在泰山之巅凿出一块一万平方米的祭台，要向天展示黄帝作为人祖的功绩。

这个大型的祭祀活动，获得了空前的成功。所有的炎黄子孙，提及此，都要热血沸腾。

祭祀之后，黄帝要东巡至海。黄帝说，这次大型的祭祀之所以这么成功，你们两个功不可没。这一阵子也太辛苦，就随我一道东巡吧。

我和精卫都没有见过大海，真的想去见见大海。听我父亲说，我的部族发源于东海之滨。后来，各种原因，迁到这里，迁到那里。说海有多么多么大，海有多么多么的好。我对大海，心向往之已很久了。听黄帝这么一说，我和精卫想都没想就答应了。

当我向父亲辞行时，父亲千叮咛万嘱咐，要注意安全，注意安全，注意安全。我说，放心吧，跟黄帝在一起还有什么危险么。父亲还是在不停地说，注意安全，好像我这一走就不回来了似的。

一路上，黄帝对我俩恩宠倍至。

我俩也是不离黄帝左右。

黄帝说，看看，我们的领土有多大。要出来巡视，这样，你会感到为帝的荣耀，为帝的尊荣。天下都是帝的，帝就是天啊，我们这样敬天，就是敬人啊！跟着我，你们两个是不是也感到荣耀啊，呵—呵—呵—，黄帝笑了。难得他这么笑呀！

迎着海面吹来风，我和精卫沉醉在这美好海的夜色里。

一轮明月，海上升起，又大又圆又红。

海浪一波一波地涌来。发出的声响，就像发鸠之山上的松涛。

我拉着精卫的手，就像刚刚摘下花冠，投到他的怀里一样兴奋激动。不知道什么时候，黄帝已经不在了。

突然，船体晃了一下，不知从哪窜出来一个武士，手拿一把长剑，向精卫刺来。我还没有反应过来，精卫已经落进了大海！

救命呀——！救命！救命！

大海的上空响起我尖利刺骨、撕心裂肺的救命之声。

精卫——精卫——精卫——

精卫——精卫——精卫——

我昏了过去。

等我醒来，黄帝等一干人都围在我的身边。

黄帝呀，救救精卫，救救我的精卫！

黄帝说，救不了了。大海这么大，怎么能够找到他呢？除非把大海填平。

那我就要把大海填平！

娃娃，别说傻话了。你怎能可能把大海填平呢！

精卫不在了，我黄帝还在呀！

精卫有的，我黄帝都有啊！

精卫没有的，我黄帝都有啊！

我要精卫，我把大海填平！

我冲出去，纵身跳入大海！

等我从大海里出来，我就化成了一只鸟。

这只鸟就是现在栖在这枯枝上的精卫鸟。

为什么是文首？因为，精卫最喜欢给我戴花冠。只要发鸠之山还有花，精卫就会每天都给我做一只鲜花冠。就是化成鸟，也不能让精卫看到的是一个没有文饰的头呀。我要让精卫看到我，我的头还是那么漂亮。

为什么是白喙？我恨我自己平时不爱说话。没有在精卫活着的时候，多说一些话给他听。因为，我不会说呀，到现在，我也不会说什么，只会叫精卫——精卫——精卫——。人们把我叫精卫鸟，这对于我来说，也是我最大的愿望了。

活着，没能同生。

死了，也没能同穴。

人们却把我们合二为一了。

人们也知道我是帝女，本叫女娃的。由于他们每每听到我的叫声，都是精卫——精卫——。

于是，他们就把我叫精卫鸟了。赤足，就不用说了，为了纪念精卫每到冬天就给我擦脚，直到擦红为止。我想精卫呀。

夜色深沉昏暗。

我衔着已经风化了的发鸠之山的石头，穿过这漫漫长夜，朝着东方飞去。

从发鸠之山飞到东海，三千里路，我要飞一天一夜。

> 又北二百里，曰发鸠之山，其上多柘木，有鸟焉，其状如乌，文首，白喙，赤足，名曰“精卫”，其鸣自詨。是炎帝之少女，名曰女娃。女娃游于东海，溺而不返，故为精卫，常衔西山之木石，以堙于东海。

夜色深沉昏暗。

我要去把大海填平。

二零零八年十一月

我的自白之一

李　陵

我是李陵。李广，飞将军，是我爷爷。

我的父亲李当户，在我没出生时，就过世了。我跟着我爷爷长大成人，从小，学习了十八般的武艺。特长，当然是骑马射箭了。

我们李家，真是与汉家天子有着天然的恩恩怨怨。不，没有恩，只有怨。

我的太爷爷李信，是秦国的守边大将。与匈奴作战。

我们李家，几代从军，基本上都是与匈奴作战。战功显赫，命却出奇的不好。后人，只要是读史的，无不为我家的命运之惨烈，发出叹息这声。

我爷爷李广，自然也是自幼能骑善射。在文帝时，从军几击匈奴，数立战功，授其职为郎，随天子射猎。

景帝初立，七国叛乱。我爷爷为骁骑将军，随周亚夫大将军出征平乱，取敌旗，显功名。文帝不得不说："惜乎，子不遇时！如令子当高帝时，万户侯岂足道哉！"

当我爷爷跟我说道，文帝说我爷爷生不逢时。如果生在高帝刘邦时，当个万户侯，对我爷爷来说，都不算个啥。

我就想，文帝不也是天子吗？天下的一切奖赏封杀不都出于天子之手吗？既然天子都知道我爷爷有功如此，为何就不能封侯呢？何必要退回到他爷爷的时候，才能封呢？我当然没有问我爷爷。这是皇帝的事，我爷爷是管不了的。

我爷爷常年戍边，与匈奴作战大小近百次。军中服其勇，士卒乐其用。所得赏赐尽分部下，家中无半点余财。当时人称"李广才气，天下无双"。

夜射石虎，孤身追敌。虽然被俘，却能孤身逃脱。就是匈奴也不得不称我爷爷为："汉之飞将军"。

因为卫子夫成为汉武帝的宠妃，卫青、霍去病因了卫子夫的关系，也成为武帝的宠臣。

既然人生如戏，戏如人生的话，那么，在这个历史的舞台上，只能有一个主角，这是自然的。这个主角要谁当，那都是皇帝决定的。就像你们现在人所说的导演。导演让谁当主角，谁就是主角。导演让谁死，什么时候死，都得听导演的。我们李家在这场戏中，武帝让我们李家当他们的配角，要把主角捧好。可是，以我们李家人的性格，怎么做得到！

当年，我爷爷都六十多岁了，随卫青出征，挺进沙漠千里。因迷路而误战机，卫青便责其幕府审讯我爷爷。士可杀，不可辱。我爷爷作为一名战功显赫的战将，怎么可能面对那些刀笔吏的羞辱责罚！愤而举剑自杀。

百姓听说他死了。无论见过没见过的，老少都为他流泪。

我的叔叔李敢，疆场归来，知我爷爷之死，一怒之下，射伤了大将军卫青。以我叔叔的箭法，若取卫青性命，如探囊取物。他并没想真的想杀卫青，不过泄愤而矣。确实，我爷爷并不是卫青亲手所杀。按军法，卫青也没有什么错。卫青也没有治我叔叔的罪，把这事隐瞒了下来。不知霍去病怎么知道了这件事，在一次陪武帝的射猎活动中，霍去病一箭射杀了我的叔叔李敢。

我爷爷李广，我叔叔李敢死后的第二年，我的叔爷李蔡，当时任汉帝武的丞相，总理国家的盐铁等事务，为汉家理财做出了卓越的贡献。早期，我叔爷李蔡，也是击匈奴的一名战将，屡立战功。后来，弃武从政。

为了彻底断绝李家所谓的势力吧，武帝说我叔爷李蔡侵占了景帝陵墓边上的一块荒地，让庭吏来审我叔爷。我们李家，历来是宁可站着死，不能跪着生，断不能受辱。

于是，我叔爷李蔡也引颈自尽。作为一个堂堂的汉家丞相，去侵占已故皇帝坟边上的一块荒地，这个罪名，不是太恶心人了么。还不如说我叔爷要造反好呢！

就这样，我们李家，男丁，只有我一个了。孤零零的，正应了我的名字。

我常年在酒泉、张掖教练射术，以备匈奴。

天汉二年的秋天，汉武帝派贰师将军李广利带骑兵三万出征匈奴，令我为李广利军监护辎重。卫子夫死了，霍去病死了。刘彻又有了李夫人这个倾城倾国的美人。还与她的哥李延年是同志关系，同吃同睡的。刘彻不知怎么抬举我们这个本家才好了。要给李延年的哥哥李广利封个侯，怎么也得有点功劳才行呀。没有机会，创造机会，没有困难，创造困难，也要给李广利创造立战功的机会。

刘彻便封李广利为贰师将军。倾全国之财力物力人力，征大宛，取汗血马。

那阵势，一路行过，不费一箭一刀，吓也把敌人吓个半死。一路招摇过去。就是这样，在返回的途中，汉军还是损伤过半。汉朝，可以说，是因为汉武帝刘彻为了李广利这个贰师将军，为了所谓的汗血马，兴师动众去讨伐大宛，才走向下坡路的，后人为了避所谓的汉家讳，不惜黑白颠倒，这根我没有关系，我也就不说了。

刘彻让李广利立功心切，让我给他押粮运草。操，我们李家还出过这么没有成色的人，为一无能之辈押粮运草！

于是，我要求独自带兵。刘彻也看出了我的意思。皇帝，治人还不容易！他给李广利仅骑兵就三万。却对我说："没有骑兵了。"只有五千个步兵。我说："五千步兵就五千步兵。"

就这样，这带着这五千步兵，深入沙漠。

我的命真的不好。

我带着这五千名弓箭手从居延向北行军一个月，在浚稽山与且鞮侯单于的主力——三万骑兵遭遇！五千步兵，对匈奴的三万铁骑，战斗之激烈可想而知。

刘彻不发援军，成心让我死。

我在谷中，匈奴在山上。四面对射，矢如雨下。夜半，我与成安侯韩延年率壮士十多人突围，被匈奴数千骑兵追击。韩延年战死。我被俘。当时，我也想学我爷爷李广，找机会逃走。

但是，机会没有给我。

汉武帝刘彻听说我还活着，便招群臣给我定罪。满朝文武，都说我有罪，只有司马迁替我说了几句话。刘彻竟然割了他的生殖器，理由是替李陵说话，就是说李广利的坏话。皇帝的宠将军，连败军的事实都不准说。

谁要讲真话，不封你上边的口，割掉你下边的口，要让你断子绝孙!

就这样，汉武帝阉了说真话的司马迁，杀了我的母亲、妻子。

我留在了匈奴，娶了单于的女儿，被封为右校王。

大将军霍光，霍去病的异母弟，跟我的关系还不错。他派我的故人来匈奴招降我。我说："吾已胡服矣！""归易耳，恐再辱，奈何！"我决意留在匈奴。不管别人怎么说，我的死与不死，都与他人无关。我所恨的是：我为汉家带步卒五千，横行匈奴，因为没有后援而败，有什么负于汉家的滔天大罪而杀我的全家？！

凉秋九月，衰草连天，不见北雁南飞之影。

胡地玄冰，边土惨裂，但闻悲风萧条之声。

夜不能寐，侧耳远听。胡笳互动，牧马悲鸣。吟啸成群，边声四起。晨坐听之，不觉泪下。

细想我李家，从我爷爷李广起，到我这里，我李家何负你汉家！爷爷李广、叔爷李蔡、叔叔李敢，都死于汉家之手。到了我这里，不仅想让我也死在疆场。就是因为我没死，你不仅杀了我全家，还要让我背负永世的骂名！！

我在匈奴待了二十五年，与我的妻拓跋氏生养了几个儿女，我们李家的香火没有断。

我的生与死，于你汉家没有了任何关系。薄情而寡义，亲佞而坑贤，是你汉家的传家宝。

至于，后世的所谓的学问家考证说，柯尔克孜、吉尔吉斯人，是黠嘎斯人的后代。而黠嘎斯人，说他们是我的后裔。是与不是，与我关系都不大了。

最有讽刺意味的是，我们李家与匈奴打了几辈的仗，最后的一线香火，却是与匈奴人留下的。这就是我们李家与汉家的恩与匈奴的怨，与匈奴的恩和与汉家的怨。

剪不断，理还乱。

我的自白之二

刘屈氂

我是刘屈氂。不知为何，我爹中山王刘胜给我取了这么个委屈的名字。就是渺小的像一根牛尾上的毛吧，但也别那么委屈行不！你说不迷信？我的名字，就是我的命！在我爹中山王的一百二十个儿子里，应该算是九牛一毛吧，偏是我，死得那么冤，死得那么的屈。

我渺小冤魂，一直游荡在长安城中，千年不散。

我爹中山王，是景帝的儿子。虽说是庶出，但也应该算是龙子吧。还是当今皇上刘彻的哥。也就是说，当今皇帝是我的叔叔。

我本来在涿郡当太守，当得好好的。以我的能力，也就是个好太守料。但是，命就是这么不可理喻的东西，偏偏让我到朝廷里当个丞相。我知道我不能胜任。可是，皇帝让你当，你就得当。

皇帝说我行，我不行也得行。

别说史学家班固不清楚我为什么当上了这个丞相，就是我自己，也不清楚。

我的前任丞相公孙贺，接相印时，据说，跪地大哭，不肯受印。但是，皇帝让他当，他就是哭死，不想当，也没用。所以，我就高高兴兴地受了相印。不管怎么说，当今皇上是我的叔叔。关键时刻，他当然要用自己家的人，而不用外人，这是我当时的想法。

我比公孙贺还老实本分。本来，我是外来的，宫里的人事关系，我不太知道。我只是跟贰师将军李广利是姻亲关系。我的儿子，娶了他的女儿。

李广利也没什么本事，更别说有什么野心。他跟我一样，一辈子的目标，只要吃好喝好就行了。没想到，皇上竟然让他当了将军，不得不领兵对抗匈奴。他私下跟我说过，他没有卫青、霍去病的本事。打不过匈奴，咋办？

我说，跟皇上多多要兵，咱们以多胜少。既然皇上用你，就得给你创造立功的条件。匈奴才多少人，咱们中土大地，到处都是人。你出兵，一定要有以十对一的兵力。这样，小败即大胜。后世的史学家竟然说我无能无主意，太小瞧我了。怎么，我也是皇族，从小诗书礼兵学过来的。听我这么说，李广利才安心了。

李广利出征前，作为丞相，我得送一送。作为亲家，我也得送一送。于公于私，我都得送一送李广利。

灞桥边，春风习习，杨柳依依，执子之手，与子相别。

李广利说，太子之位，不宜久空，还望丞相推荐皇子刘髆。这样，你我都安心了。这样的话，于私心于官心于公开于私下，都是可以说一说的。因为，这一半也是当臣子应该做的。于李广利，能够从他的嘴里说出来，说明他也是在积极努力地想为朝廷分担一些责任，尽一分义务的，不能说他就是个无能之辈。

作为丞相，向皇帝建议，是臣子的责任。如果不谏不议，那才是失职，才是素尸餐位呢。我确实应该向皇上建议早立太子。而且，刘髆也是合适的人选。但是，从良心上讲，我还是不愿意开这个口的。好像我有什么私心似的。所以，我没有跟皇帝开这个口，只是敷衍了一下李广利，好让他安心去打匈奴。李广利就是提交这个议案，也是做臣子的义务。就是有点私心，那也是举贤不避亲么。再说，都是皇帝的儿子，总不会举到外人头上。如果他举到了李家人的头上，再加罪亦不迟吧。

本来，我以为，我当这个丞相，就像当年曹参一样，来个吃喝不管酸，甩手大掌柜，跟着走行了。后来，才发现，根本不是那么回事。我接过来的，不是丞相之享受，而是一个巨大的炸药包，也是要我的命的事。

我的游魂在长安城里游荡。看到那些求神告奶的善男信女们在那祈祷、告诉，我就想笑。笑得流出泪来。不是有史书记载说天上下过牛毛一样的细雨来么，那就是我笑的。如果巫蛊真的能害人，那么，取天下，还用流什么血！召集些神汉巫婆，成天诅咒他，他就会死翘，是多么经济的一件事情！这个大家心里都清清楚楚，也都老老实实地当着臣子。该干啥干啥，谁没事成天就想着谋反呢？再说，谋反就是想当皇帝。

天！给一百个胆子，我也不做。做了皇帝，一天不也是三个饱一个倒，后世说我没出息，这倒是真的。随我爹。当个王，不就是好色贪财么。所以，我爹一口气生了一百二十个儿子。还有一百多女儿。燕赵大地上的刘姓，基本上都有点我爹的血脉。这倒不是吹牛。至于后来那个刘备，说是我爹的后代，那是相当的有可能的。

话说远了。无能之辈话多，没办法。

皇上先把皇后卫子夫的姐夫，我的前任公孙贺给杀了。公孙贺是卫子夫的姐姐卫君孺的丈夫，出身文武双全之家。他的父亲公孙昆邪参加平定七国之乱，有功封侯。尽管公孙贺家教不错，但是他跟我一样，才华一般。

皇后卫子夫为人谨慎。卫青为人谨慎。卫氏一门几乎个个为人谨慎。公孙贺原本就是一个小心谨慎的人，他又同属卫氏一门。卫氏一门本身就谨慎小心，从不惹事。公孙贺在这样环境的熏陶下，他成了谨慎中的谨慎。

对一个从不惹事的家族，怎样才能除掉呢？我想，不，是当今皇上想，只能用对付原皇后陈阿娇的办法了——巫蛊。

巫蛊这东西，就像是说梦。说有没有，说没有有，全凭皇上的一张嘴。他说他做梦有小人打他，就有小人打了，就得把这些小人找出来！

于是，一个犯人竟然能够举报出公孙贺的儿子与阳石公主通奸，并用巫蛊诅咒当今皇帝。公孙贺父子死于狱中。全家被灭了族！阳石公主也被杀了。总之，跟皇后关系好一点的，都先后被杀光了。这不是打击皇后吗！虽然我有点笨，但是，我还是能够想明白的。

卫子夫家的靠山，只有公孙贺了。灭了公孙贺，唇亡而齿寒！卫子夫值得当今皇帝这么重视么？一个小女人，皇上让她此刻死，她敢活到下刻么！

其实，皇帝的真心就是要灭太子刘据呀！我是小人物。说了，谁也不信，可是事实如此。至于刘据被杀后，刘彻又是哭又是恨又是杀又是建思子宫的，都是在演戏。用你们现在话说，是在装。他要怎么装，就怎么装。活着的，死了的，谁敢说。只有我这个不死的冤魂，说几句罢了。

我是丞相，要为皇帝办事，这是我的职责。

卫皇后和儿子刘据就像个孤儿寡母一样，成天提心吊胆地活着，不得见皇帝。

皇帝又故意躲出城外，让刘据和皇后总理一切事物。然后又派江充、苏文，以查巫蛊之名，把个长安城闹得翻天覆地。最后，直接查到皇后、太子头上。

如果没有皇帝的指使或者暗示，江充、苏文这两个奴才，给他们一千个脑袋，他们敢？！

皇后自杀。

太子自杀。

太子的两个儿子也被砍死！长安城中十万多人被杀。这就是被所谓的巫蛊害死的太子刘据的冤案。后世研究的都很透了，我就不说了。

当然，借刀杀人的皇帝，为了洗清自己的罪过，他把江充、苏文这帮人杀了。为了稳定一下局面吧，我又多活了两年。我知道，他也不会放过我的。

我想逃。

可是，普天之下，率土之滨，都是皇上的，我能逃到哪里？自杀，他事先给我的罪名也就坐实了。畏罪自杀，自绝于大汉！

我只能捱着，活一天算一天吧。看看，他会用什么办法给我的死创造一个说法。

果然，当人们开始怀念太子时，一个小小江充、苏文，以他们的能力，是没有办法陷构太子和皇后的。只能有大人物出来才能顶得住。并且这个大人物有足够的重量。还得有充足有理由。于是，我和李广利，一个丞相，一个将军，还有一个有资格可以当太子的李广利的外甥刘髆，这个理由拿出来，信的更信，不信的也会信了。

我和李广利就是同党，就是谋反，就是谋逆。

皇帝把我刘屈氂定为大逆不道。游街示众，腰斩东市，妻儿枭首。李广利全家被族！没办法，李广利也学了李陵，率七万汉军投降了匈奴。汉家天子有的是兵，不在乎这七万八万的。只要他们为皇帝做了贡献。

李广利、公孙贺，我刘屈氂，以平庸之才登上高位。后世人认为我们靠什么裙带关系。以我平庸之目看来，后世高人并不比我们高到哪里。这分明是皇帝的一盘大棋。能人如卫青、霍去病、李陵者，如果他们被杀，还要皇帝戴上一个诛杀功臣的帽子。刘彻可是得刘邦的真传，他怎么可能再走他先辈的路子呢?

他在让我们这几个庸人出来前，就已设好了局。我们这些刀虽然钝了点，却也能杀人如麻。而且，会永世不得翻身！

世事如棋局局新，人情如纸张张薄。

尽管我是皇侄，同样是他棋盘里的一枚棋子。就这么被弃掉了。我知道，没人会给我平反。因为，我太小了，牦牛尾巴上的一根毛。人们喜欢大事大人。

我一直游荡在长安城中，看着这棋一局一局地演下去。

后 记

二零零九年初，中央国家机关的出版社进入转企改制的实质阶段，中央给出了转企的“时间表、路线图”。

当年五月，我放弃了二十多年的机关工作，到学习出版社总编室工作，社会身份也由公务员转为“无固定期限的合同制工人”。

我没有什么崇高的想法，就是想在退休前的最后几年，做一些实事，也就是从年复一年的“调研”和“宏观管理”而没有具体实事的工作中脱离出来，到真正的出版单位，亲自策划出版些图书，“调研”、“管理”了二十多年，竟然不会出版，真有点自惭。老领导许力以、宋镇铃也鼓励我到出版工作。许力以先生在仙逝前多次询问、关心我的工作情况，令我感动不已。

到了出版社，行话讲就是要做书了。北师大史学所教授吴怀琪先生对我说，你到出版社要做书，就要做好书，什么是好书呢？酸奶和白酒都是白色的，都有营养。但是，酸奶不能放，白酒放的时间越长，价值越高，品质越好，所以，你要做白酒，不要做酸奶。可是，什么是白酒呢？吴先生并没说什么是白酒。

自从二零零九年五月到出版社工作后，自己认为自己策划编辑了几套书，就认为是酿了白酒，还没等其发酵，就想与同行分享。其实，一些编辑大家都没有写这些，我却初生的牛犊不怕虎起来，不过有些编辑想法，说与跟我一样初入编辑行业的新人，有共同进步之意。另外，我国著名编辑家也鼓励年轻编辑要做点积累工作，我就当仁不让起来，我这个人的一个优点就是听老人言，就是听话，听好人的话，听老人的话，所以，就不惧人笑地做了起来，我是个愿意动手的人。由于是半路出家，对于出版，我没有学过理论，所写的多为心得体会，故不引用名家名言及名家理论，所议都是开门见山，还望见谅。以上算是我的写作目的吧，愿与新同道分享。

在从机关走向出版事业的过程中，得到了许力以先生、吴怀琪先生的鼓励，得到了钟叔河前辈、周实先生、王文心先生、吕虹、薛启亮等老领导的具体帮助与指导，得到了亲人、朋友们的关心和支持，使我克服了诸多困难，一步一步地走过来。

无以感谢这些亲人、朋友们，只有努力地工作，多出一些成果，以报答他们的知遇之情。

吉 霞

二零一四年十一月

附：

编校中出现易错字

错误	正确	错误	正确	错误	正确
如苦	如若	日	曰	听	昕
讨兴大发	诗兴大发	各抒已见	各抒己见	寂莫	寂寞
吴菌	吴茵	白说自话	自说自话	贫图	贪图
留芳千古	流芳千古	服泪	眼泪	雷要	重要
少安勿燥	少安毋躁	必须	必需	已	已
小男少女	少男少女	浮现看	浮现着	晤	唔
心时觉得	顿时觉得	入们	人们	风妒	风娇
神钯	神色	近狈眼	近视眼	歼门	开门
又膝	双膝	词藻	辞藻	恶运	厄运
从们	人们	划清界线	划清界限	生气盎然	生机盎然
昨会	咋会	非碘	非典	查	可
一外	一位	托血	托盘	迫问	追问
竞然	竟然	惊枝	琼枝	联在一起	连在一起
就说	就觉	自巳	自己	扔觉得	仍觉得
端端	惴惴	电被	也被	快快	怏怏

错误	正确	错误	正确	错误	正确
婉姐我	婉姐儿	脱破	说破	渌禄无为	碌碌无为
报道	报导	于活	干活	为人处事	为人处世
欲言又上	欲言又止	禾用	用	鄢	那
妻凉	凄凉	咸功	成功	表隋	表情
丰腆	丰腴	遣	道	夏目	夏日
了他政治	了政治	娇	骄	同肘	同时
砖快	砖块	棚	栅	身分	身份
则己	则已	北北	北门	思付	思忖
从识	从认	大们	大门	腌臜	腌臢
伺	何	喏喏连声	诺诺连声	准一	唯一
撤	撒	拌落出业	抖搂出来	挽扶	搀扶
搦	搧	她	他	所至	所致
青红帮	青洪帮	静忙	帮忙	浮	译
伺	何	四问	四间	惭长	所长
僦地	俏地	具	乔	喝斥	呵斥
录相机	录像机	大干	大千	饴头	抬头
衣衫槛褛	衣衫褴褛	自已	自己	矜特	矜持

错误	正确	错误	正确	错误	正确
估且	姑且	蓝天	蓝田	性路	性格
贴子	帖子	偶而可见	偶尔可见	蹬	噔
希翼	希冀	子上	手上	权力	权利
望而怯步	望而却步	暧	暖	人伺	人间
反应	反映	煽	焗	后集	后果
阻光	阳光	重望	众望	讨	过
臊	腂	自们	咱们	一千	一干
忠难	患难	牺惶	恓惶	争义	争议
愿来	原来	路们	咱们	在	大
消弥	消弭	房问	房间	堆	推
脏物	赃物	天天	夭夭	爪	个
属	屌	坐位	座位	拾缀	拾掇
老奸巨滑	老奸巨猾	机秘	机密	鄎	朗
不便合	便不合	于啥	干啥	总报	总抱
男	那	问	间	车箱	车厢
没辄	没辙	谈雅	淡雅	落坐	落座
行迹匆匆	形迹匆匆	酒	洒	赋于	赋予

错误	正确	错误	正确	错误	正确
挖挲	挓挲	阶级成份	阶级成分	赢得	赢得
每当面	每每当面	嘟囊	嘟囔	列	例
丽位	两位	年劲	年轻	倍	备
床第	床笫	巡罗	巡逻	挡	孬
折衷	折中	使知	便知	须	需
一千二净	一干二净	浮沫	浮末	进发出	迸发出
粘稠	黏稠	撩	瞭	拇	姆
书记租厂	书记和厂	哪	梆	陪	赔
淮星	准星	沉句	沉甸	镇	震
安份守己	安分守己	源缘	渊源	仲仲	忡忡
馒活	复活	尘锐	尖锐	察看	查看
不防	不妨	三矢	三天	功夫	工夫
发怵	发憷	不成想	不承想	界限	界线
剪票	检票	爻际	交际	合声	和声
震憾	震撼	含胡	含糊	纹络	纹路
沉缅	沉湎	公圆	公园	考查	考察
成分	成份	蒙集	聚集	涨	胀

错误	正确	错误	正确	错误	正确
广大了	扩大了	撤	撇	枝	支
千净	干净	偏狭	褊狭	標	摽
赋于	赋予	感列	感到	低	底
架式	架势	毛坑	茅坑	冲	中
航天航空	航空航天	快快的	怏怏的	症	征
被浪	波浪	韵	的	乌鸣	鸟鸣
启己	自己	昰	里	签定	签订
例举	列举	牵联	牵连	但待	担待
千净	干净	觅	见	地地	也是
裱	被	梗宜	便宜	畦鸣	蛙鸣
议	说	遭理	道理	挤对	挤兑
涨	张	免子	兔子	刹	霎
甲	中	来龟了	来电了	纠	赳
修词	倏	木	不	暍	喝
坐位	座位	一下予	一下子	搞	摘
美境	美景	匾	回	站	姑
一古脑儿	一股脑儿	陵	睖	夹	浃

错误	正确	错误	正确	错误	正确
广头	丫头	耐	时	莳	的
倍受	备受	畜	言	殴	股
咸病	成病	摆	摆	五百	五页
梭	挨	逼	遇	般票	股票
端端	惴惴	昉止	防止	前见	可见
丫吗?	了吗?	句候	问候	明堂	名堂
闹已	而已	位一晚	住一晚	诸候	诸侯
不良	不幸	日光	目光	金全代表	全全代表
甜保证	我保证	春天	春天	益	盖
棱	绫	不竟然	不尽然	正谍危坐	正襟危坐
导至	导致	伺时	同时	逼	遛
支	枝	叵来	回来	售最	售量
侨木	乔木	交实	充实	往	住
几十个	几个	和	的	憔翠	憔悴
己	已	乃	奶	像	象
事物所	事务所	得	拉的	瞑想	冥想
即而	既而	蜻蜓	蜻蜓	轮郭	轮廓

错误	正确	错误	正确	错误	正确
晌亮	响亮	题纲	提纲	二面	两面
仅熊	仅能	密月	蜜月	月了	成了
表自	表白	乃乃	奶奶	留连忘返	流连忘返
私秘	私密	欠疚	歉疚	韵	的
讯号	信号	想像	想象	抽口咽	抽口烟
解秘	解密	溶为一体	融为一体	卜嗤嗤	扑哧
锂烁	矍铄	给震住了	给镇住了	哥德	歌德
忽啦	呼啦	对	兑	斯守	厮守
坦白交待	坦白交代	请柬	请柬	熏	醺，燻
划地为牢	画地为牢	需	须	门坎	门槛
扛大话	扛大活	佛主	佛祖	于了杯	干了杯
刮蹭	剐蹭	攥钱	攒钱	上床上	在床上
白自胖胖	白白胖胖	包涵	包含	渡	度
意识封	意识到	执着	执著	战	颤
若果能	如果能	柢	祇	拚命	拼命
缘份	缘分	副	符	深液	深夜
停注	停住	昆蛋	混蛋	那末	那么

错误	正确	错误	正确	错误	正确
眼	服	迴然	迥然	它	他
而	西	原气	元气	还	这
备感	倍感	象一样	像一样	衷	哀
居	虽	记叙性	记叙性	作主	做主
各字	名字	胡涂	糊涂	脚	腿
过辩	辨	深情厚意	深情厚谊	明救球	明珠
遭至	招致	偏面	片面	正儿巴经	正儿八经
重重	忡忡	去	云	备感欣慰	倍感欣慰
尘埃落地	尘埃落定	终生为父	终身为父	扫瞄	扫描
冰销	冰消	张显着	彰显着	陪礼	赔礼
自来	白来	电国	中国	习惯手	习惯于
寄以厚望	寄予厚望	磨擦	摩擦	夜拔	夜夜
硬咽	哽咽	自标	目标	复盖	覆盖
裤筒	裤筒	恍错	恍惚	一辈了	一辈子
艘	般	位出代价	付出代价	一堆儿	一堆儿
之闻	之间	一尉	一味	倾刻	顷刻
迁徒	迁徙	自践	自贱	芋子	芊子

错误	正确	错误	正确	错误	正确
衣框	衣柜	难以为继	难以为继	琪	祺
产好	上好	捌	扒	也大为	也太为
休漠	休谟	如出一辄	如出一辙	竣	峻
无札	无礼	遗害无穷	贻害无穷	名子	名字
叮瞩	叮嘱	不可及	不可即	佰	悑
舂米	春米	溶为一体	融为一体	权力	权利
怵目惊心	触目惊心	坐位	座位	晚饮	晚炊
使走	便走	这决不是	这绝不是	疹人	瘆人
奈心	耐心	很很地说	狠狠地说	敞篷	敞篷
无去	失去	元动于衷	无动于衷	小风	小凤
体体	体	多式	各式	项着	顶着
几旬	几句	思付	思忖	特质	物质
晌动	响动	趁虚而入	乘虚而入	亲呢	亲昵
风眼	凤眼	点兴	点头	缄翔	坚决
雕看	翻看	而	尔	意识构	意识地
惊砰	惊呼	夫	时	揶揄	揶揄
索兴	索性	弗朗西丝	弗朗西斯	撕打	厮打

错误	正确	错误	正确	错误	正确
属予	属于	倾刻	顷刻	新妹妹	亲妹妹
刘字昌	刘宇昌	一问	一间	支愧	有愧
刘宇	刘宁	善于	擅长	中作	中伤
扬韵	扬	不通趣	不识趣	拔一它	拔下它
温咆	温饱	吐叫	吼叫	蒙咙	朦胧
真相大自	真相大白	直想	真想	刁弄	刁难
去刻划	去刻画	某二天	某一天	锋铓	锋芒
慧星	彗星	杏无消息	杳无消息	池说	他说
丑事习	丑事吗	干旋	斡旋	斯汤达	司汤达
差堪	甚可	唠	啰	亦或	抑或
平雪	平息	另娼女盗	男娼女盗	退色	褪色
成了	咸了	婢膝	卑膝	月下佬	月下老
影喻	影响	抉丛	抉从	天真烂熳	天真烂漫
秉告	禀告	獠	潦	表现现象	表面现象
眠着	盯着	封沉	封尘	赐与	赐予
自雪	白雪	罗曼斯	罗曼史	分	份
我闻自己	我问自己	和	的	会么	什么

错误	正确	错误	正确	错误	正确
激流勇退	急流勇退	年月	年中	罢	吧
极械厂	机械厂	白话	自话	白绝此念	自绝此
揶擒	揶揄	秘室	密室	松梆	松绑
曲斯科	迪斯科	臭豆窝	臭豆腐	遮荫	遮阴
睥一切	睥睨一切	龌龃	龃龉	慌话	谎话
扬扬自得	洋洋自得	其丑无比	奇丑无比	戏日	戏曰
故世	故去	儿予	儿子	千余百	千八百
各宿	各自	临届	临界	笔划	笔画
只淡	只谈	凑和	凑合	侦察	侦查
之闻	之间	乃乃	奶奶	阔来	招来
绾袖子	挽袖子	晤	唔	虚（繁体）	虚
假绝	假借	驹	的	白自	白白
纱场	纱厂	党少	党中	次毛	疵毛
刘兴风	刘兴凤	团中	团部	受善	妥善
皇	惶	凄惋	凄婉	乍品	上品
腰问	腰间	一相情愿	一厢	上坑	上炕
汉于	汉子	碴子	渣子	说冰	说说

错误	正确	错误	正确	错误	正确
小于	小子	旺	怔	走向前	炎向前
俏惴	惴惴	嗷	蹴	越洋	越样
心照不宜	心照不宣	巫灭	诬蔑	汉宇	汉字
军宜队	军宣队	瓤激	刺激	纹过的	文过的
暇	眼	腥红的	猩红的	没哈	没啥
毫不迟豫	毫不迟疑	眼角儿	跟角儿	心隋	心情
枯躁	枯燥	飚涨	飙涨	使坏	使怀
面且	而且	回亿	回忆	须	需
人所不耻	人所不齿	呐呐	讷讷	脾子	牌子
心无旁骛	心无旁骛	升火	生火	燋	粘
唔	唔	深负重望	深孚众望	说	悦
又一插	又一茬	暧	暖	说报	说服
丰子凯	丰子恺	馏	糊	依	侬
枉下结论	妄下结论	作	做	凑章	奏章
福份	福分	河问	诃问	五足	五尺
纨褥/裤	纨绔	须	需	丽	而
冲绝	冲决	观注	关注	坎	槛

错误	正确	错误	正确	错误	正确
吐泄	吐泻	试泪	拭泪	般	股
干	年	媒介	媒界	囚	里
度过	渡过	麽	糜	惧	俱
欲	却	即然	既然	陂	彼
当者	当着	像	象	愧	隗
推委	推诿	漫有	没有	佣	用
趺倒在地	跌倒在地	筋斗	斤斗	渗合	掺和
早巳	早已	愁知	悉知	份量	分量
莲莲	连连	绵秀	锦绣	祥子	样子
的的	的	佩毛麟角	凤毛麟角	不耻	不齿
船仓	船舱	徒过来	走过来	瓣别	辨别
笄来	算来	座标	坐标	金靠此人	全靠此人
参预	参与	谈谈	淡淡	车年如此	年年如此
扇情	煽情	欠意	歉意	时	舌
至	到	令	个	掉	悼
沉缅	沉湎	粮	梁	历史	万史
刘于此事	对于此事	纪述	纪叙	敕	赦

错误	正确	错误	正确	错误	正确
呆然	果然	仲腰	伸腰	和	的
陆质	性质	吉	古	掺加	参加
依重	倚重	殊料	熟料	公夫	功夫
填加	添加	莫明	莫名	溶入	融入
期	欺	枪过来	抢过来	晃乎	恍惚
投有办法	没有办法	文子	蚊子	苍桑	沧桑
沦文	论文	找算	打算	介	两
陕乐	快乐	经	红	固乡	故乡
余太君	佘太君	尝识	赏识	销化	消化
兀法	无法	轻意	轻易	农	教化
秉赋	禀赋	稿	纶	给预	给予
而子	面包	坚立	竖立	陕	陜
出	书	单	意	燔火	烟火
日尔曼	日耳曼	侦	质	吐呀	哇呀
未日	末日	无下	天下	采死	踩死
密	辞	时卞	时下	客头	额头
脯残	脑残	令中	个中	小量	少量

错误	正确	错误	正确	错误	正确
罗	啰	种心	伤心	擅了人	撞了人
犬其	尤其	擦心	伤心	户着	护着
艏	剑	抹煞	抹杀	交子	父子
治造	制造	享开	离开	小胡	小玥
钮扣	纽扣	扛算	打算	弱说	胡说
偈面	局面	瞭	嘹	综合症	综合征
牺	恓	忽了	忍了	人庆	大庆
蜚短流长	飞短流长	免子	兔子	项头上司	顶头上司
智识分子	知识分子	还做为	不作为	瞳	懂
接止	截止	渌	漉	拾上来	抬上来
廉虚	谦虚	臊	踝	伟大日午	伟大日子
张显了	彰显了	回	迴	秘谈	密谈
际们	你们	令天	今天	绝窍	诀窍
此伎	此技	咋天	昨天	沧海	沧海
何渭	何谓	宣染	渲染	名白	明白
向寻	向导	喝荼	喝茶	厌足	餍足
刚风	罡风	蜇存	蛰存	谦意	歉意

错误	正确	错误	正确	错误	正确
虬劲	遒劲	推委	推诿	检查官	检察官
寻视	巡视	遗害无穷	贻害无穷	蹬上了	登上了
驻立在	伫立在	贫因	贫困	锈出花	绣出花
牴牾	抵牾	呼求	呼救	劈材	劈柴
归究	归咎	变换大旗	变幻大旗	二十余位	二十余位
博得	博得	宿合	宿舍	之例	之列
阮缜	元稹	生话中	生活中	懊脑	懊恼
遐尔	遐迩	这幺说	这么说	翻泽	翻译
实许	实话	参与	参预	冷悯	怜悯
量你不敢	谅你不敢	不必加说	难以再说	力面	方面
片断	片段	嫉恶如仇	疾恶如仇	漩涡	旋涡
端祥	端详	制服	制伏	莫名奇妙	莫名其妙
详实	翔实	诚惶诚恐	诚惶诚恐	评沦	评论
水气	水汽	混水摸鱼	浑水摸鱼	旋纽	旋钮
高材生	高才生	两棵心	两颗心	栓了门	闩了门
专了一圈	转了一圈	棉蛉虫	棉螟虫	欲了难	犯了难
疯疯火火	风风火火	快快	怏怏	丰采	风采

错误	正确	错误	正确	错误	正确
还投回家	还没回家	仗意	仗义	蛇退皮	蛇蜕皮
愧作	愧怍	带孝	戴孝	走露风声	走漏风声
德高望众	德高望重	挤身	跻身	播头	摇头
投拉严	没拉严	井用	并用	有童识	有意识
裸霹	裸露	日光	目光	闪灼	闪烁
引伸	引申	游曳	游弋	表隋	表情
冰洪淋	冰淇淋	召来	招来	蹬眼	瞪眼
一请二楚	一清二楚	呕气	怄气	托大坯	脱大坯
流失	流逝	半响	半晌	提拱	提供
至理明言	至理名言	抢自	抢白	史征	史册
双跟	双眼	宙外	窗外	锥刺骨	锥刺股
残醅	残酷	梆梆硬	邦邦硬	气字轩昂	气宇轩昂
乏昧	乏味	五里雾里	云里雾里	郑告	正告
无边无限	无边无际	军晌	军饷	长工资	涨工资
教悔	教诲	饮佩	钦佩	叨着	叼着
扇动	煽动	柳岸花明	柳暗花明	委琐	猥琐
贡任	责任	阳萎	阳痿	雄纠纠	雄赳赳

错误	正确	错误	正确	错误	正确
难得可贵	难能可贵	偿试	尝试	绝裂	决裂
垂手可得	唾手可得	经济人	经纪人	防碍	妨碍
乃到	乃至	违犯纪律	违反纪律	澡塘	澡堂
吉普赛人	吉卜赛人	布署	部署	无所是事	无所事事
导至	导致	旁征博引	旁征博引	因人而易	因人而异
截止目前	截至目前	授于	授予	死皮癞脸	死皮赖脸
举世睹目	举世瞩目	友帮惊诧	友邦惊诧	佳宾	嘉宾
社会富利	社会福利	犯罪份子	犯罪分子	引亢高歌	引吭高歌
朝庭	朝廷	丝棉	丝绵	山岗	山冈
浩淼	浩渺	交淡中	交谈中	扯蛋	扯淡
白晰	白皙	击罄	击磬	诽滂	诽谤
芬香	芳香	夜暮降临	夜幕降临	平扳说	平板说
胡楂	胡楂	带着手铐	戴上手铐	出海打渔	出海打鱼
山东荣城	山东荣成	嫉恶如仇	疾恶如仇	其到比	甚至比
善辨	善辩	呈显出	呈现出	即然	既然
合衣而眠	和衣而眠	树叉	树杈	揣揣不安	惴惴不安
生衍	敷衍	愿意是	原意是	不轻意	不经意

错误	正确	错误	正确	错误	正确
缘树	绿树	微徽一笑	微微一笑	高梁米	高粱米
自悲	自卑	私秘性	私密性	铜板画	铜版画
溶入历史	融入历史	咳血	咯血	偏狭	褊狭
终生为父	终身为父	无幸的	无辜的	郎郎读书声	琅琅读书声
望而怯步	望而却步	三角架	三脚架	谴词造句	遣词造句
糟踏了	糟蹋了	掏抢	掏枪	醉倒了	发挥
发楞	发愣	配衬	陪衬	沙糖	砂糖
耐不往	耐不住	提拨	提拔	一叠稿纸	一沓稿纸
对衬	对称	霉雨	梅雨	正确含意	正确含义
婉惜	惋惜	震荡器	振荡器	忧怨	幽怨
忙里愉闲	忙里偷闲	一张像	一张相	慷概	慷慨
吴拍萧	吴伯箫	起伏迭宕	起伏跌宕	拿破亡	拿破仑
受宠苦惊	受宠若惊	淋淋尽至	淋漓尽致	不可谓和	不可调和
不寒而粟	不寒而栗	相背的	相悖的	思想前延	思想前沿
掏粪	淘粪	授于	授予	训猴师	驯猴师
负作用	副作用	绝不轻信	决不轻信	卷伏在	蜷伏在
服泪	眼泪	妞姐	姐姐	平扳车	平板车

错误	正确	错误	正确	错误	正确
带手铐	戴手铐	夜暮降临	夜幕降临	白晰	白皙
浩淼	浩渺	呈显出来	呈现出来	交淡中	交谈中
扯蛋	扯淡	击罄	击磬	芬香	芳香
朝庭	朝廷	其至比	甚至比	下阙	下阕
善辨	善辩	出海打渔	出海打鱼	丝棉	丝绵
山岗	山冈	诽滂	诽谤		